ルポ 教育虐待

毒親と追いつめられる子どもたち

おおたとしまさ

ディスカヴァー携書
215

はじめに

書店の一角に、やる気と希望がまるで湯気を立てるように溢れ出ている棚がある。「子どもの頭を良くする会話のコツ」「子どもを勉強好きにする方法」「○歳までで子どもの一生は決まる」「東大に受かる子の勉強法」のようなタイトルの本がずらりと並ぶ。

しかしちょっと離れたところには、一瞬背筋が凍るようなタイトルの本が並ぶ棚がある。こちらは具体的な書名を挙げてみよう。

『私は親に殺された！　東大卒女性医師の告白』（小石川真美著、朝日新聞出版）、『毒になる親』（スーザン・フォワード著、毎日新聞出版）、『ポイズン・ママ　母・小川真由美との40年戦争』（小川雅代著、文藝春秋）、『解縛　しんどい親から自由になる』（小島慶子著、新潮社）、『母という病』『父という病』（いずれも岡田尊司著、ポプラ社）……。

大人になっても親との葛藤をひきずっているひとたちについて書かれた、もしくはそういうひとたちが著した本だ。

棚の間は距離にして10メートル弱。しかし二つの棚の周りの温度は、夏と冬ほどに違う。その狭間で、最悪の場合、殺人が生じる。

有名なのは、1980年に予備校生が金属バットで両親を撲殺した事件だ。成績や進学をめぐって、父親との葛藤が背景にあったと報道された。

2006年には、有名進学校の高校生が義理の母とその子どもたち合わせて3人を殺害し自宅に放火した。少年は父から、医師になることを命じられ、成績が悪ければ罵倒され、暴力も振るわれていた。犯行動機は父親への腹いせだった。

世間を震撼させた2008年の通称「秋葉原無差別殺傷事件」の犯人は幼少期より、母親から徹底した管理教育と壮絶な虐待を受けていたことがのちにわかっている。

2016年には、父親が小学6年生の息子を包丁で刺し殺してしまった。中学受験勉強をしなかったから。刺された瞬間、息子が何を思ったか、想像するにいたたまれない。

このような事件が報道されると、マスメディアは一様に「学歴社会の歪み」や「偏差値偏重主義」や「エリート志向」などと批判する。世間知らずのエリート一家が起こした特異な事件として扱う。しかしこれらは本当に特異な事件なのだろうか。

追いつめられた子が親を殺す事件は大きく報道される。しかし追いつめられた子が自殺した場合には、原因もよくわからないまま自殺件数の一つとして記録されるだけだ。ましてや殺人にも自殺にもいたらなかった場合、追いつめられた子が大人になっても精神的に追いつめられたままでいたとしても、そのことが世に知られることはほとんどない。

冒頭に紹介した『私は親に殺された！　東大卒女性医師の告白』には、幼少期から全人格を否定され親の呪縛のもとで成長した著者が心を病み、ついにエリートの座からも転落し精神安定剤依存症に陥り、精神科への入院8回・自殺未遂30回にもおよぶ壮絶な苦しみを味わう姿が赤裸々に語られている。

娘が東大に合格し医師になるための国家試験に合格したとき、両親はきっと鼻高々であっただろう。自分たちのしてきた少々厳しい教育は間違っていなかったと確信していたに違いない。しかしそれは、明らかに間違っていたわけだ。

娘を追いつめ死ぬほどに苦しめているのに、両親はなぜ気づけなかったのか。なぜそれほどまでに娘を追いつめなければならなかったのか。

生きている実感がない。職場でも恋愛でも、どうしても人間関係がうまくいかない。原因は自分でもわからないけれど、いつもイライラしていて怒りっぽい。そんな満たされない感覚が常にあるのだとしたら……。

もしかしたらあなたも、「教育虐待」の被害者なのかもしれない。

「教育虐待」とは、「あなたのため」という大義名分のもとに親が子に行ういきすぎた「しつけ」や「教育」のことである。２０１２年8月23日付の毎日新聞に掲載された記事によれば、「子どもの受忍限度を超えて勉強させるのは『教育虐待』」とのこと。

「教育虐待」という言葉は、ここ数年でメディアでもたびたび見られるようになった。では教育虐待自体がいま増えているのか。

はっきりしたことはわからない。前述のように、教育虐待のような事象は昔からあった。しかし昨今では、その構造が複雑化していることこそが問題だと思われる。

高度成長期の「教育ママ」は子どもを有名大学に入れることだけを考えていればよかった。「もやしっ子」と呼ばれようが、テストでいい点数をとれる子を育て、「高学歴」というパッケージ商品を得られれば、それだけで満足できた。

しかしいま、「学歴はもう役に立たない」と言われる。学歴が要らなくなったわけではない。高学歴があることは大前提で、オプションとして、英語もできなければいけないし、プログラミングもできなければいけない、プレゼンテーションにも長けていなければいけない……と考える親は多い。

「勉強ができるのは当たり前。でも勉強ができるだけじゃダメ」というわけだ。単純に、昔よりも子どもの負荷は増えているのである。

子どもの成績のことでつい叱りすぎてしまったり、勉強を教えてもなかなか理解できない子どもをつい叩いてしまったりという経験なら、実は多くの親にあるはずだ。もしくは自分がそうされて育ったという大人も多いだろう。

それも教育虐待なのか、違うのか。どこまでの厳しさは許されてどこからが教育虐待なのか。教育虐待を受けると子どもにどんな影響が出るのか。教育虐待を受けて育った大人はどんな人生を歩むことになるのか……。

教育虐待の闇を照らす。これが本書の目的だ。

第1章から第3章では、私が直接話を聞いた教育虐待の事例を詳細に描写する。第4章では「子どもシェルター」運営者から、壮絶な教育虐待の事例を聞く。第5章では「教育虐待」という言葉のおいたちを踏まえる。第6章では、子どもを追いつめてしまう親の心理に迫る。第7章では、教育虐待を誘発する土壌としての社会の機能不全と家族の機能不全という構造的問題に切り込む。第8章では、子どもの人権という観点から大人たちにできることを考察する。

もしあなたが教育虐待の被害者なら、過去の経験を客観視しその檻から抜け出すきっかけとなることを願う。もしあなたが教育虐待の加害者になることを恐れているなら、その不安を少しでも払拭できればと願う。

本文中の事例の登場人物名はすべて仮名です。個人の特定を防ぐため、主旨を変えない範囲で実話に脚色を加えた箇所があります。

ルポ教育虐待　毒親と追いつめられる子どもたち

目次

第2章　第一志望に合格しても癒えぬ傷

第3章　摂食障害や万引きというSOS

第４章　シェルター保護は女子が圧倒的多数

第7章 最凶の教育虐待を生む二つの機能不全

第1章
「あなたのため」という呪い

勉強以外のことをするな

「子どもなんていらない！」

知佳さんはベッドの中で突然叫んでしまった。真夜中に、自分でも思わず出た叫び声だった。震えていた。隣に寝ていた夫も慌てて起きた。

知佳さんの頭の中には、無力な子どものイメージが渦巻いていた。「こんな子、愛せるわけがない……」。それはまさしく、子どものころの自分自身に対するイメージ。母親から「どうせあんたはダメよ」「その程度の人間だったのね」「テストでいい点がとれたのは、お母さんのおかげなの」などと言われ続けていたあのころの自分。

知佳さんは1980年代半ば、東京の郊外に生まれた。「両親は、高卒ヤンキー同士の結婚だった」と知佳さんは言う。父親は、高校を卒業して、家業の建設業を継いでいた。母親は、高校卒業後、看護師になるための学校に通っていたが、やめて、結婚した。

若い大工の収入だけでは、生活は苦しかった。学歴がないことも、両親のコンプレックスだった。「あなたはなんとしても大学に行きなさい。お父さんとお母さんのような悔しい思いはさせない」。知佳さんは幼いころからそう言われて育った。物心がついたころから、毎日ピアノの練習と勉強をさせられ、遊んだ記憶は、ほとんどない。

ピアノは夕食前に毎日約2時間。間違えると罵倒され、殴られる。ピアノより怒鳴り声がうるさいと、近所からクレームが来たこともあったが、母親は「嫉妬しているのよ」と言って、聞く耳をもたなかった。

勉強は夕食後、毎日約4時間。夕食を食べ終わると1分も休まずに勉強を始めなければならない。サボらずにやっているか、10分おきに母親が進み具合をのぞきに来た。

母親は勉強を教えることができなかった。その代わり、書店で教材を山のように買ってきては知佳さんに与えた。知佳さんはそれを解き、自分で丸つけして、母親に見せた。母親が予定していた量をこなせていないと、怒られて、夜中まで勉強をさせられた。

テストの点が悪いと殴られる。テストでいい点をとって、喜んで報告しても怒られる。「勘違いしないで。テストでいい点がとれたのはあなたの力じゃない。お母さんのおかげなのよ。わかってる?」。

小学校の友達と交換日記をしているのを見つかったときには、「勉強以外のことをするな」と怒鳴られ、叩かれ、その後1カ月間無視された。

成績の悪い子と遊ぶ約束をしたときには、「あの子と遊んではいけません。あなたまでバカになる。いま、この場で電話をして断りなさい」と命じられ、従うしかなかった。スーパーでの買い物の途中、小学校の友達の母親に会い、「知佳ちゃん、この前、学校で褒められていたわよ」と言われると、とたんに上機嫌になる。自分から知佳さんのテストの点数を自慢しはじめることもあった。

常にまわりの子どもと知佳さんを比較した。テストの点数で負けたとわかると、叱られた。

「塾に通うほどの経済的な余裕はありませんでした。それで、塾に通っている子どもたちに負けたくないという思いが強かったのだと思います」

母親の機嫌次第で突然殴られることもあった。無視されることもあった。しかしどんなに機嫌が悪くても食事はいつもきちんとつくってくれたし、衣服も小綺麗にしてもらっていた。「母親として、自分はきちんとやっている」というのが大前提なのである。

一方、「どうせあんたはダメよ」が母親の口癖だった。知佳さんはそれをそのまま受け取った。自分は人一倍努力をしないといけない人間なのだと思い込んでいた。学校での成績は優秀だったが、まったく自分に自信がもてない。

「私はまるで母親の所有物でした。自分の人生ではなく、母親の人生を生きていました」

父親は見て見ぬふり。知佳さんが助けを求めると、「ごめんな。大人になるまで我慢してくれ。大人になったらお母さんの気持ちもわかるよ」と言われる。ただし、両親の仲は、悪くはなかった。

母親が悔しがる姿を見たかった

中学生になると、知佳さんは自殺も考えた。しかしいま思い返せば、本気で死のうとしていたわけではない。「どうでもいい」という感じだった。「ここで人生が終わっても、私は悔しくない」。母親が悔しがる姿を見てやりたかったのだ。

幸い、学校は楽しかった。母親の恐怖から逃れられる唯一の場所だった。友達にも先生にも恵まれ、それが救いだった。家で「教育虐待」を受けているなんて、外ではみじんも感じさせなかった。

中学2年生になると、学校の勉強に加え、英語検定、漢字検定、ピアノ検定のための勉強までさせられ、完全に知佳さんのキャパシティを超えた。体の震えが止まらなくなり、手にはいつも汗をかくようになる。頻繁にめまいもする。

「いま思えば、きっと自律神経失調症だったのでしょう」

知佳さんが不調を訴えると母親は、知佳さんを病院に連れて行くどころか、「あんたはその程度の人間だったのね。これだけやってあげてるのに、残念よ」と吐き捨てた。このとき、知佳さんは気づく。「このひとは、きっと私のことを思って叱ってくれているんじゃない。自分のために私を叱っているだけなんだ」と。「大学を出たら、家を出よう」。それが知佳さんの目標になった。

知佳さんは県立の進学校に進んだ。以降勉強についてはとやかく言わなくなったが、干渉はさらに強まった。理由が何かは忘れたが、とにかく毎日約3時間は怒鳴られた。精神的な成長に伴って親を必要としなくなっていく知佳さんを、なんとか自分の管理下にとどめたかったのだろう。母親の無意識のしわざである。

志望大学を選ぶときも、知佳さんはよく考えた。あまりいい大学に合格してしまうと、母親がまた調子づいてしまう。さらに干渉を強めるかもしれない。かといって、あまりにレベルの低い大学に行くのでは怒りに触れる。母親が大喜びもしないし怒りもしない、ほどほどの大学を受けることにした。

作戦は成功した。家にいる限り母親の罵倒から逃れることはできなかったが、受け流すことはできるようになった。

就職は、中学受験塾に決まった。

「中学受験は親がする受験といわれていますよね。子どもの受験に命を懸けているような母親も多い。そんな母親に、『あなたの受験じゃないんだよ。子どもの受験なんだよ』と伝えたかった。子どもを応援して、支えてあげたかった」

知佳さんの就職活動のときの心境だ。

「大学を卒業したら家を出る」と母親に告げる。すると母親は、「女の子が一人暮らしをするなんて、きちんとしたご家庭に育った男性とは結婚できなくなるわよ。ちゃんとした企業に勤めていい男性を探すっていう普通のことが、なぜできないの？」と知佳さんを責めた。家を出るまでの数カ月、毎日殴られた。熱いお茶やお酒を顔面にかけられたのも一度や二度ではない。「もうすぐ、この家を出られる」。それが心の支えだった。

自分の中に棲み着いたもう一人の自分

とうとう家を出ると、思い出をなかったことにして生きると決めた。

中学受験塾では同僚にも上司にも恵まれ、仕事は楽しかった。子どものころに自分自身が望んでいたけど叶わなかったことと向き合うような時間だった。塾生たちをかつての自分と重ね合わせて応援し、母親たちとも向き合った。

「力はおよばなかったけれど、メッセージは発することができたと思う」

30歳直前で結婚。それから約1年後、夫が脱サラした。関西にある夫の実家の家業を継ぐためだ。知佳さんも手伝うために中学受験塾をやめた。「そろそろ自分の人生をはじめてもいいんじゃないか」と思えた。長く辛かった過去を乗り越えられたと思っていた。

引っ越してから、生活のペースも少しのんびりになった。幸せな生活だった。

しかし知佳さんはなぜかイラ立っていた。温厚な夫に対し、些細な落ち度を見つけてはくってかかることが増える。明らかに八つ当たりだ。自分でもそのことがわかった。理由なき怒り、焦りにさいなまれていた。最初は環境の変化のせいだと思っていた。

そろそろ子どもをとも思ったが、なかなかできない。とうとう生理も止まってしまった。ベッドの中で、子どものころを思い出していた。ピアノを間違えて叩かれたこと、テストで悪い点数をとってさんざん罵倒されたこと、わけもなく殴られたこと……。すると今度は、無力に頼りなさげに小さく縮こまっている子どもが、自分に助けを求めるように迫り寄ってくるイメージが見えた。

「イヤだ。こんな子ども、愛せるわけがない……」

その子どもこそ、知佳さんの記憶の中にずっと閉じ込められていた、かつての知佳さん自身だった。自分の中に棲み着いたもう一人の自分。届かぬ叫びを封印され、その存在すら忘れられてしまったかわいそうな子。

真夜中だったにもかかわらず、気づいたときには叫んでいた。

「子どもなんていらない！」

結婚し、仕事もやめ、自分が親になることを想像しはじめたことで、知佳さんは過去の自分自身と向き合わざるを得なくなった。引っ越して環境が変わってからの理由なき怒りや焦りはそのためだった。

そしてとうとうこの夜、封印していた過去の扉が開いてしまったのだ。押し込めていた感情が一気に噴き出す。

抑圧されたもう一人の自分のことを俗に「インナーチャイルド（内なる子ども）」と呼ぶことがある。このとき、知佳さんの中でじっと縮こまっていたインナーチャイルドが、ついに暴れはじめたのだ。

ずっと夫に八つ当たりしていたのも、インナーチャイルドのせいだったと考えられる。本来であれば母親にぶつけなければいけない怒りがやり場をなくし、いちばん手近な夫に向けられていたのだ。

配偶者や子どもに対しなぜかいつもイライラしてしまったり自分でも理不尽だと思う怒りをぶつけてしまったりする場合、もしかしたらあなたの中にもインナーチャイルドがいるかもしれない。あなたも教育虐待の被害者なのかもしれない。

自分らしい人生を歩もうと思ったら、いつまでも自分の本心を騙しているわけにはいかない。いつまでもインナーチャイルドを閉じ込めておくわけにはいかない。知佳さん自身が親になるために、いつかは訪れる瞬間だった。

「母親という名の宗教」との決別

このとき、そばにいてくれた夫が優しく言ってくれた。

「プロの力を借りてみたら？」

これも何かのめぐり合わせだろう。夫は大学で心理学を学んでいた。実家近くに引っ越してからの知佳さんの不調を受け止め、八つ当たりされても知佳さんの気持ちに寄り添ってくれていた。知佳さんが発作のように突然叫んでしまったときも、冷静に知佳さんの不安を受け止めて、心理カウンセリングを勧めてくれたのだ。

知佳さんは心理カウンセリングを受けることにした。はじめての体験だった。

カウンセリングでは過去と向き合わなければいけない。封印していた過去が、次から次へと溢れかえる。感情の渦が押し寄せ、知佳さんの理性を圧倒する。

あのときの痛さ、辛さ、悲しさ、怖さが、ありありと蘇る。涙が溢れる。止まらなくなる。30年間無理矢理押し込めてきたものをすべて吐き出す、感情の嘔吐。過去と向き合うことは辛かった。

カウンセラーが言う。

「お母さんのこと、手放してもいいよ」

手放したい。しかし知佳さんの心が葛藤する。

「そんな親不孝なこと、私にはできない」

実家を出て以来、母親とは距離をおいていた。もう母親の支配から自由になれたのだと思っていた。しかし知佳さんはまだ、母親と感情的に癒着していた。

カウンセリングを始めて半年くらいが経ったころようやく、自分と母親がそれぞれ違った別の人格だと思えるようになった。母が自分のことで感情を悪くしても、それは母自身の問題であって、自分の問題ではないことがわかった。

「私は『母親という名の宗教』にとらわれていました。母の信条に反することをすれば天罰を受けると思い込んでいたのです」

知佳さんはようやく「母親という名の宗教」を抜け出した。母親に恐怖を感じなくなった。

カウンセラーの勧めで母親に手紙を書くことにした。心理学的にとらえれば、過去のトラウマを清算し自分の人生を歩み出すために必要な「対決」のプロセスである。

過去の感情、感謝の気持ち、これから自分がどう生きていきたいかを、手紙にしたためる。返事は期待していなかった。しかししばらくして母親から返事が届いた。「すまなかった。未熟な母親で申し訳なかった」と書かれていた。

学校では友達や先生に恵まれ、職場では同僚や上司に恵まれ、家庭では夫に恵まれた。外では明るい知佳さんが、かつて家では母親から教育虐待を受けていたことなど、誰も知らない。しかしいま思えば、知佳さんはいつも他人からの評価を気にして生きてきた。自分に自信をもったことがなく、いつも「私なんて……」と自らを卑下して生きていた。

カウンセリングを通してそんな自分を認め、受け入れ、乗り越えた。そしてようやく、長年抱え込んでいたものを手放すことができた。その感覚を知佳さんは、「世界がシンプルになって、楽になった」と表現する。

いまでもときどき母親と話すと、ネガティブなことを言われることがある。昔ならいちいち真に受けて傷ついていたところだが、いまは違う。ついネガティブなことを言ってしまうのは母親の癖。「そういう考え方もあるのね」と受け流せるようになった。

母親に「ダメじゃない！」と言われても、「ああ、お母さんにとってダメなのね」と頭の中で変換できるようになった。堂々としている知佳さんを見て、母親もそれ以上言わなくなった。

ただし知佳さんにはまだ心配がある。弟のことだ。

知佳さんとは4歳違い。知佳さんほどひどい扱いはされていなかったが、勉強はさせられてきた。「弟がいたから、母親の期待が分散されて、まだましだった」と知佳さん。

弟は知佳さんよりもさらに出来が良く、「一家の期待の星」だったという。現在は実家に暮らしながら、公務員として働いている。弟にガールフレンドができると、いまでも母親は、なんとかデートを阻止しようと画策する。

知佳さんは母親を手放した。知佳さんが手放したその負担が、弟に行ってしまうのではないか。それが心配だ。しかしまだ知佳さんは、そのことを弟本人に伝えていない。

それがあなたのためなのよ

広告会社で働く武井恭輔さんは、「ほとんどが両親や親戚からの伝聞なので、本当のところはわからないのですが……」と前置きして、約15年前、27歳で自殺してしまった従姉妹・凜さんのことを話してくれた。

武井さんは幼いころ、凜さんとその弟の弘くんとよく遊んだ。武井さんから見ると、凜さんと弘くんは、勉強がよくできるきょうだいだった。家ではかなり勉強をさせられているようだった。

しかし気になることもあった。子ども同士でふざけ合っているだけなのに、凜さんの母親・たえ子さんはひっきりなしに凜さんや弘くんを叱っていたのだ。それでも思い通りにならないと、とんでもないヒステリーを起こした。

親戚の集まりにおいても、たえ子さんは明らかに付き合いづらいひとだった。凜さんの父親が婚約者としてたえ子さんを紹介したときには、親戚一同が結婚に反対した。たえ子さんは、「自分は常に正しく、他人や社会が間違っている」という考えの持ち主だった。

仕事の関係で、凜さん一家は頻繁に引っ越しした。そしてたえ子さんは、どこに行ってもトラブルを起こした。明らかに性格が災いしていた。

たえ子さんは、子どもがどこで何をしているかを常に把握していないと気がすまない。凜さんには、自分のことを自分で決める機会など与えられず、すべてたえ子さんが決めた。それでも自分の思い通りにならないことがあると、たえ子さんはたびたびヒステリーを起こした。たえ子さんの望む大学に凜さんが入れなかったことなど、過去についてもいつまでもネチネチと愚痴を言っていた。

その一方で、「それがあなたのためなのよ」が口癖だった。実際、娘への愛情がなかったわけではない。手編みのセーターをつくったり、勉強を見てやったり、むしろ「こだわりが過ぎる」という印象だった。

父親はすべてを理屈で割り切るタイプ。ものごとを「無駄か無駄でないか」「意味があるかないか」で判断してしまう性格。どちらかといえば仕事人間だった。「子育ては母親に任せきりだったのではないか。それでたえ子さんを独裁者にしてしまったのではないか」と武井さん。

しかし父親も何も気づいていなかったわけではない。あるとき仕事から帰宅すると、凜さんの腕に火傷を見つけた。問いただすと、「おしおき」としてたえ子さんにろうそくを垂らされたという。そのときばかりは父親もキレてしまい、たえ子さんを引っぱたいたという。父親自身が親戚にそのことを漏らしたというから、父親も悩んでいたのだろう。

凜さんの唯一の心のよりどころは、父方の祖母だった。たえ子さんに罵倒され体罰を受けていた凜さんを、祖母は優しく包み、なんとか守ろうとしてくれた。凜さんが高校生になったとき、祖母は「もう大人なんだから、自分が正しいと思うことを言ってもいいのよ。

親が正しいとは限らないの」と話してくれた。

凜さんは公立大学の心理学部に通った。心理学を学び、自分の心の闇を照らしたいと思ったのかもしれない。自分自身を救おうとしていたのかもしれない。

社会人になってから、うつ病を発症

就職して、凜さんは家を出た。しかし職場にうまくなじめず、しばらくするとうつ病を発症した。教育虐待に限らず、過度な抑圧を受けて育ったひとは、依存的になりやすく、他者と適度な距離感を保つのが苦手な傾向がある。凜さんもそうだったのかもしれない。娘がうつ病を患っているにもかかわらず、たえ子さんは娘を叱咤激励した。うつ病患者に最もしてはいけないことの一つだ。

武井さんは凜さんがどんな仕事をしていたのか詳しくは知らないが、理系の仕事のようだったということだけ聞いている。凜さんは勉強だけでなく、絵も作文も得意だった。

「本当は芸術系の仕事に就きたいと思っていたのに、もしかしたら、母親に干渉されたのかもしれない。それで仕事もうまくいかず、人付き合いも苦手だったために、うつ病を発症してしまったのではないか」

そのせいかどうかはわからないが、凜さんはいつの間にか実家に戻っていた。凜さんだってきっと親元を離れたくてしようがなかったはずだ。しかし自力で生活することが苦しくなって、親元に戻るよりほかなかったのかもしれない。

「凜ちゃんがまた親元に戻るとわかっていたら、なんとしても引き留めるべきだった。私たち親戚で力を合わせて、凜さんを引き取るべきだった。それが悔しい」

ある冬の日。凜さんの唯一の心のよりどころだった祖母が亡くなった。その半年後、凜さんは自ら命を絶った。

「なぜ気づいてあげられなかったのか」

いまでも申し訳ない気持ちでいっぱいだと、武井さんは悔しさをにじませる。

武井さんは凜さんの葬儀に参列した。凜さんの母親が参列者に述べた言葉には、凜さんの死を会社や社会のせいにするような内容しかなかった。どんなにひどい母親であったとしても、娘に先立たれた母親の気持ちは想像するに余りある。しかしそれにしても、事情を知る参列者一同は苦虫をかみつぶしたような面持ちでいた。いたたまれない思いだった。

すると、凜さんの弟の弘くんが立ち上がって叫んだ。

「そんなことくらいでお姉ちゃんが死んだと、本当に思っているのか！」

たえ子さんを睨みつけた。

弘くんがあからさまに母親にたてつくのは、生まれて初めてのことだったのではないかと武井さんは言う。

弘くんは、優秀だけれどいつもおどおどもじもじしているタイプの男の子だった。「生きる力」が感じられない、いわゆるもやしっ子。大人になってからもいつも母親が隣に付きっきり。親戚との会食では、箸を付ける順番まで隣で母親が指図しており、親戚一同はただその様子を見ているしかなかった。

そんなことだから社会に出てもうまくはいかない。異性との交際経験もない。姉が亡くなるまで、弘くんはほとんどニートのような状態だった。その弘くんが、初めて母親を非難したのだ。

それ以来、弘くんは実家との連絡を絶っている。弘くんがいまどこで何をしているのか、武井さんも知らない。風の噂によれば、日雇い労働をしながら日本全国を転々として暮らしているとのことだ。自分を取り戻すための長い長い旅路を歩んでいるといえるかもしれない。それが姉の死を無駄にしないための、弘くんなりの生き方なのかもしれない。

母親も被害者だった!?

一方たえ子さんは、凜さんの死後、うつ病を発症した。人前に出られなくなった。親戚の集まりにももう10年以上顔を出していない。「あなたのため」だと思ってきたことがすべて灰になり、するりと指の間を抜けてしまった。しかしそれを自業自得といえるほど、ことは単純ではない。

凜さんの自殺が凜さん自身のせいとは言いきれないのと同じように、たえ子さんの性格はたえ子さん自身のせいとは言いきれないのだ。たえ子さんもまた、被害者であった可能性が高い。

たえ子さんは染物屋の長女として生まれたが、幼くして父親を亡くした。親戚からの援助も受けられず、たえ子さんの母親は女手一つで三人の娘を育てなければならなくなった。しかし、当時流行した宗教にはまってしまった。幼いたえ子さんに妹たちの世話を任せ、一週間帰ってこないこともざらだった。いまなら間違いなくネグレクト（育児放棄）とされるだろう。

たえ子さんは自分も子どもなのに、母親の代わりを担わなければならなかった。アルコール依存症の母親に育てられた子どもと同じだ。わがままを言ってみたり甘えてみたりという、子どもとしての本能が抑圧される。依存的な親から依存され、自らも依存されている立場に依存する。これを心理学用語では「共依存」と呼ぶ。

そうして育った子どもは俗に「アダルト・チルドレン」と呼ばれる。まわりからは「いい子ね」と言われるが、心の中にはいつも得体の知れない「生きづらさ」を抱えている。たえ子さんはアダルト・チルドレンだった可能性が高い。

アダルト・チルドレンは、一見しっかりしているようで、中身はもろい。自分自身の軸をもたぬまま大人になってしまったので、常に何かに依存しようとする。それがアルコールであったりギャンブルであったりする。子どもができれば、子どもに依存してしまう場合も多い。そうして子どももまたアダルト・チルドレンになる。

「子どもは未熟。判断力が不足している。だから、親が決める」「将来のために、いま多少辛くても、無理をさせるべき」「あなたのためを思って、私はいま、鬼になっている」。親たちは、子を思うがゆえ、本気でそう思う。しかしそれが子どもの心に数十年経っても消えない傷を残す。まるで呪いのように、いつまでも人生を支配する。

第2章

第一志望に合格しても癒えぬ傷

毛根を食べるようになった息子

寺田智也さんは、地方公立進学校から国立大に進み有名企業に就職。飛ぶ鳥を落とす勢いで出世し、若くして会社の内外から注目を浴びる存在となっていた。

同じ道とまでは言わなくても、息子にも「成功者」になってほしい。激務ではあったが、ときどき子どもの中学受験勉強を見た。

教えるというよりも、長期・中期・短期の目標を明確にし、そこからブレイクダウンした計画を立て、実行状況を確認し、改善点を指摘するということをくり返した。ビジネスでいうＰＤＣＡサイクルだ。普段直接話す時間が少ないので、日誌も付けるようにした。会社で部下を育成する方法を、子どもの中学受験に応用したのだ。自信があった。

しかし、子どもは自分の思ったとおりに勉強しない。日誌にシールを貼ったり、受験勉強を息子の好きなサッカーに例えたりしてモチベーション向上を図ったが上手くいかない。成績も上がらなかった。

小6になってからのことだった。智也さんが帰宅すると、予定のことが何もできていない。

「なぜやっていないんだ？」

尋問が始まる。息子が口を開けば、「言い訳するな」と遮った。身内である分、会社で部下に対するよりも言い方はキツくなる。

「いまやろう！」

夜中まで無理矢理やらせた。

そんなことが、週1回、週2回と、次第に増えていった。勉強しない日が増えれば、その分のしわ寄せが、そのあとの計画に上乗せされる。学習計画がどんどん非現実的になっていく。

どう考えてもこなしきれない量の課題が山積みになる。ますます息子のモチベーションは下がる。悪循環はわかっていたが、止まらない。ふがいない息子を見て、「ふざけるな！」と怒鳴り散らした。手も出した。会社なら完全にパワハラだ。

夏休み、遅れを取り戻そうと、智也さんはいっそう熱心に指導した。反比例するように成績は降下。

「思い返せば当時、仕事のストレスも大きくて、私自身に余裕がなくなっていたのです。

それに気づかずに、子どものできていないところだけを見て、子ども自身を見ていなかった……」

このとき智也さんは、中学受験の魔物に完全にとりつかれてしまっていた。自分がどんどん自分でなくなっていく。ありのままの子どもが見えなくなっていく……。

秋、息子の体に異変が起きた。頭頂部の髪の毛が全体的に減っているのである。ネットで検索すると、「抜毛症」という言葉があることを知った。よく観察してみると、息子は頻繁に自分の毛髪を抜き、毛根を食べていた。それが止まらなくなっていたのだ。慌てて医療機関に相談した。

ここでようやく智也さんの目が覚めた。高圧的な態度を改めて、息子に聞いた。

「中学受験、やめる？」

「やる」

ただし、志望校のレベルは下げることにした。ＰＤＣＡサイクルの管理もスケジュール管理も一切やめた。

新たに定めた第一志望校に無事合格したときの息子の第一声は忘れられない。

「ああ、ほっとした……」

中学受験というレールに一度乗ってしまうと、立ち止まって考えることは難しい。どの程度の難易度の学校なら納得できるのか、無理のない範囲で頑張らせるのか、お尻を叩いてでも上を目指させるのか、中学受験を途中でやめるという選択も視野に入れておくのか……。家族として中学受験に臨む方針を初めに決めておかないと、歯車が狂いはじめたときにパニックに陥りやすい。

「息子に中学受験をさせたのは、それが東京的な響きに感じたからかもしれません。自分も高校受験や大学受験ではそれなりに成功体験があったので、息子もそこそこイケるんじゃないかと考え、御三家は無理にしても、東京っぽいブランド校に通わせたいと思っていました。しかしいま思えば、中学受験の何たるかをぜんぜん理解していなかった」

中学受験が終われば、抜毛症も治ると思っていた。しかし、大学生になったいまも、息子の頭髪は戻らない。

「中学受験は合否の結果がすべてじゃない」「中学受験は、入試本番で終わりじゃない」。そんな言葉は何度も聞いた。きれいごとだと思っていた。しかしその意味が、中学受験を終えて時間が経つにつれ、心にしみてきた。

息子の中学受験を終えた智也さんは、自分の視野の狭さや未熟さを痛感し、もっとひとに優しい仕事をしたいと思うようになった。会社を辞め、福祉に関わるようになった。息子の中学受験が父親の人生を変えた。

高校受験や大学受験で成功体験をもつ親が、その感覚で子どもに受験指導をすると、簡単に子どもをつぶしてしまう。18歳や15歳の子どもなら、親から厳しい言葉を浴びせられても、ある程度なら「うるせーな」と聞き流すことができるが、12歳は、親の言うことを小さな身体と心で100％受け止めて、もろに傷ついてしまうからだ。

中学受験の難しさは、12歳という微妙な年齢にある。大人の言うことを100％理解しているので、つい大人に対するのと同じように理詰めで責めたり、強い言葉で発破をかけたりしてしまうが、実は精神的にはまだまだ幼く傷つきやすい年ごろなのだ。

塾の宿題が終わらず家出

大手不動産関連会社の営業職として活躍する40代の山崎晴男さんは実は中学校までしか卒業していない。有名中高一貫校に入学するも、高校の途中で退学した。教育熱心な親からの過度なプレッシャーが原因だった。

幼いころは優しい母親だった。当時を振り返るといつも決まった情景が思い出される。夏の家族旅行での寝苦しい熱帯夜。母親が幼い晴男さんの髪を何度もなでながらいつまでも団扇であおいでいた。起きてしまうのがもったいなくて寝たふりを続けていた。

母親は子どもたちに「お父さんはすごいひとだ」とくり返し伝えた。母親自身も夫を絶対的に尊敬していた。実際、父親の言葉は重く、いつも冷静で、正しかった。ただ、自信家でもあり、学歴に関しては差別的な発言もあった。

晴男さんは成長の早い子だった。おむつが取れるのが早かった。同じ年ごろの子どもたちにもおもちゃを譲る、聞き分けの良い子だった。母親の期待に応えたいという心意気は早くから芽生えていた。

母方の祖父が亡くなり、母親姉妹で深刻な諍いが起こったことがある。四十九日法要の際、母親を守る盾になるような位置に、晴男さんは座った。「晴男は優しい子だったのよ」。そのことを、大人になったずっとあとでも母親は覚えていた。のちに母親は述懐する。

「姉妹と疎遠になり、わたしには家族しか心のよりどころがなかった」

しかしそのころ父親は海外に駐在していた。

「留守中は私が子どもたちを立派に育てなくては」

その使命感が母親を豹変させた。

晴男さんは、物心ついたころには「お受験」用の塾に通わされていた。「お金ではなく、未来を切り開く力を授けたい」。それが母親の口癖だった。

それ自体は決して悪い心がけではない。しかし母親の期待はあまりに具体的になっていく。母親の頭の中には、子どもを走らせるための明確なレールができあがっていた。長男である晴男さんには医者になるように、三つ違いの次男には弁護士になるようにと、幼いころからくり返し言い聞かせていた。

晴男さんは、国立大学附属の小学校を受験したが最後の抽選で落ちた。自身の感情として悔しかったのを覚えている。しかしそれ以上に強く記憶に残っているのは、母親が泣きながら自分をぎゅっと抱きしめて、「6年後にもっといい学校に入るのよ」と言ったことだった。「まだ続くのか……」と途方に暮れた。

普通の公立小学校に進学する。低学年のうちはまだ塾には通わず、習い事中心の生活だった。お絵かき、習字、水泳、テニス、バスケットボールを同時に習った。放課後はほぼ毎日習い事で埋め尽くされた。「勉強ができるだけではダメ」というのが母親の考えだった。

決して間違った考えではないが、晴男さんには負荷が重すぎた。習い事をよくサボるようになる。当然バレる。めちゃくちゃに怒られた。親の目を盗む子と、子への監視を強化する親のいたちごっこ。親子関係がギスギスしはじめた。

家では母親が付きっきりで勉強を教えた。学校の内容よりもだいぶ進んだ問題集や参考書を使い、間違えれば手が飛んできた。小学校3年くらいから中学受験用の塾に通いはじめる。引き続き母親が付きっきりで勉強を見た。ミスをすると叩かれた。激高した母親に鉛筆で刺されてできた傷跡が、いまも晴男さんの手の甲に残っている。

あるときは、同い年の娘をもつママ友が家に遊びに来て、夜中まで受験勉強の情報交換をしていた。教育ママ同士の熱論は午前2時すぎまで続いたが、その間、晴男さんも塾の課題をさせられた。頭には眠気覚ましの保冷剤を巻きながら。遊びに来たママ友が恨めしかった。

このころになると父親も、母親の教育方針に異論を唱えるようになる。基本的に両親の仲は良かったが、子どもの教育のこととなるとたびたび対立していた。

晴男さんにとって勉強は、苦痛以外のなにものでもなかった。「この生活がいつまで続くのか」と、先が見えない思いがした。たしか4年生くらいのときに、「中学受験をやめたい」と懇願したが、「ここで逃げるのは負け犬だ」と母親に軽く却下された。母親が漕ぎ出した船から降りることはできないのだと悟った。

早々に限界が来た。塾に行かなければならないが、宿題が終わっていない。逃げるしかない。塾に行くと言って東京都心の家を出て、そのまま山梨県の甲府まで電車に乗った。その日は甲府で野宿した。翌日帰宅すると、両親は無事を喜び、そのときだけは叱られなかった。

学年が上がるにつれ、中学受験勉強はハードになる。塾が終わると毎日母親が車で迎えに来た。ダッシュボードには夕食が用意されており、帰宅するまでにそれを食べろと言われた。帰宅したらすぐに勉強しなければならなかった。それが異常であることは小学生の晴男さんにもわかっていた。

第一志望の有名中高一貫校に合格した。母親が泣いて喜んでいるのを見るのは、晴男さんにとっても純粋にうれしかった。どんなにひどい仕打ちをされていても、最終的には子どもは親を喜ばせたいと思うものである。これで一休みできると、ほっとした。

親の過干渉から逃れるために高校を中退

しかし、ほっとできたのもつかの間だった。中学1年生の4月から、有名中高一貫校生御用達の進学塾に通わされることになった。「せっかく中学受験が終わったのに、なぜまた塾に行かなきゃいけないの？」と母親に聞いた。すると母親は「何言ってるのよ。まだ終わりじゃないのよ」と答えた。それも間違った考え方ではない。しかし何かが違う。

母親の思いとは裏腹に、勉強への意欲はどんどん下がっていく。言われたことと反対のことをするようになる。反抗期とはそういうものだ。目に見えて成績が落ちると、家庭教師まで付けられた。

居間で家庭教師と勉強をしているときだった。弟の中学受験勉強を見ている母親が「このままだとお兄ちゃんみたいになるわよ！」と言っているのが聞こえてきた。ナイフのように、晴男さんの胸に刺さった。

中学3年の2学期にとうとう「部活をやめなさい」と言われた。「学業がおろそかになっている。本末転倒」という理由だ。反抗できない。部活の顧問に退部を伝える際、本当のことは言えず、怪我をしてドクターストップがかかったと嘘をついた。

そこから晴男さんは荒れた。幼いころから勉強漬けにされ、勉強にはすでに強い嫌悪感を抱いている。せっかく熱中していた部活も取り上げられた。その状況で自暴自棄にならないほうがおかしい。

母親に対して容赦ない暴言を吐くようになる。さすがに母親もその瞬間は絶句する。が、すぐに復活した。グサグサとナイフで刺すように攻撃したのに、母親はまるでゾンビのように、何度でも晴男さんに襲いかかる。

晴男さんは、母親の異常なまでの執着心に恐怖を感じるようになっていた。恐怖のあまり、首を絞めたこともある。それでも母親は自分の態度を変えようとしなかった。

「このまま母親の近くにいたら自分はダメになる」

親に内緒でバイトをして、お金が貯まれば家出した。塾の講習代をもらえば、またそのお金で家出をした。家出をするのは学校の長期休暇の間である。一度家を出ると、資金が尽きるまで一週間くらいは帰らなかった。家出をするたびに、距離が延びた。最初は甲府だったが、そのうち新潟、青森、北海道と、キセル乗車で足を伸ばすようになった。

高校1年の1学期の終盤、学校の教室内で盗難事件を起こして捕まった。いっしょに盗難していたもう一人の生徒の名前を教えろと、学年主任に詰められたが、口を割るつもりはなかった。

家にもいたくない。部活もやめさせられた。学校でも居場所がなくなった。もうすべてをリセットしたくなった。

取り調べの最中に「トイレに行かせてください」とお願いした。トイレの前で先生が待っていたが、2階のトイレの窓から外壁のパイプをつたって脱走した。

自分の身分がわかるようなものはすべて捨て、着の身着のままで、上野から夜行列車に乗り、札幌に降り立った。今度は家出ではない。学校をやめ、親とも縁を切り、人生を捨てたのだ。身寄りのない世界で、独りで生きていくと決めた。

「まずは仕事を探さなきゃ」

駅の待合室で求人情報誌を眺めていると、「手配師」と呼ばれる仕事仲介人に声をかけられた。「住み込みの現場仕事があるよ」。実際には15歳だったが、19歳だと偽り、住み込みで現場仕事に就いた。三食しっかり食べさせてもらえるし、布団で寝ることもできる。渡りに船だった。

「身分を隠して快活に振る舞い、見知らぬ大人のなかに溶け込んでいるのはなんだか楽しい体験でした。自分の力で稼いで生きているという実感を味わえたことも、誇らしかった。一方で、いつまでこの状態を続けていけるのか、不安もありました」

東京では当然「捜索願」が出されていた。家族も学校も必死で晴男さんを探していた。

1カ月ほど経って、親方が飲みに連れて行ってくれた。「身寄りはないのか？」と親方が心配する。「はい」。すると親方は、「じゃあ、嫁さんでも見つけてやらなきゃなぁ」と親身になってくれた。「このままではいけない」と我に返った。

すぐに東京に戻った。ただし、家には帰らず、知り合いの家に1カ月ほどかくまってもらった。2学期が始まるタイミングで、帰宅した。もう学校に戻るつもりはなかったが。学校に行くと、取り調べの続きが待っていた。「もう一人の盗難犯は誰だ？　言わないと反省したとは認められない。学校に戻れないぞ」と脅された。「だったらやめる」と告げて学校をあとにした。

学校をやめるという晴男さんに父親は、「いま学校をやめれば、さらに厳しい道を歩むことになるぞ。覚悟はできているのか？」とだけ尋ねた。晴男さんは不安でいっぱいだったが「大丈夫」と答えた。

それから「大検」のための塾に通った。ガソリンスタンドや喫茶店でバイトもした。「このときの僕の心境は非常に複雑で説明しにくいんです。道から外れてしまったという恐怖はありました。大検の塾については、とんでもないところに来てしまったなというのが正直な感想。かといって、やめた学校の友達とつるみ続けるのも辛かった。そのころ、『車輪の下』というヘッセの小説のハンスという少年に、よく自分を重ねていました」

塾で、カノジョができた。すると、母親は必死に彼女の素性を調べようとした。「こんな状況になってまで僕に干渉するのか!?」と、晴男さんは絶望的になり、改めて正式に家を出る決意をする。

息子の窮地を救った父親の手紙

新聞奨学生となり、住み込みで新聞配達をすることにした。

真夜中に起きて暗いうちから配達が始まる。自分が〝底辺〟であると感じ、友達に会うのも億劫になった。配達忘れを小学生に説教され、あまりの情けなさに路上で涙したこともある。奨学生仲間がいっしょに憤ってくれた。

なんとか1年間勤め上げ、奨励金をもらい、それを敷金・礼金にして小さなアパートを借りた。一方で、「もう大学の学費を親に払ってもらうのは無理だな」と思い、大学進学をあきらめた。

どうやって生きていけばいいのか、必死に考え、派遣社員に登録した。同級生たちがまだ高校3年生で、受験勉強にいそしんでいたころである。

おそらく選択肢はかなり限られる。まわりのひとから信頼され、そのなかでチャンスを得るしかない。「過去の仲間の背中や、成れない自分を追いかけるのはもうやめよう」。自分にそう言い聞かせた。

最初の仕事場はホテルだった。次に病院の資材倉庫に派遣された。一生懸命働いた。2年ほどたったころ、その業務が外部の会社にまるごと委託されることになった。どうせなら、その会社に就職しないかと誘われた。

喜んで誘いを受け、「準社員」として採用された。さらに2年が経ったとき、「正社員」にならないかと誘われた。願ってもないチャンスである。このとき晴男さんはすでに27歳になっていた。

当然ながら、履歴書を提出しなければならない。つい「〇〇高等学校卒業」と書いてしまった。人事から、証明書が必要だと言われて、困った。ようやくつかんだ正社員へのチャンスが遠のいていく。自らの浅はかさを呪った。

晴男さんは父親に相談した。するといつもは「自分の力でなんとかしなさい」としか言わなかった父親が、会社の人事にあてた手紙を書いてくれた。

「このときのことを思い出すと、いまでも感情が抑えられなくなるんです……」

こみ上げる思いを抑えるために、晴男さんはしばらく沈黙した。父親の手紙の文面を見せてもらった。


この度は息子に面接の機会を与えて下さり、厚く御礼申し上げます。

息子の行った履歴書の改竄は社会的に許されることではありませんが、親の立場より申し添えることをお許しください。

晴男は、本人の希望により高校一年で中退し、大学検定試験を取得しながらも大学へ行く選択をせず、今に至ります。

本人にも様々な葛藤がありながらも、貴社の準社員として採用され、慣れないノートパソコンを購入して、意欲をもって仕事に取り組んでいたように思います。

思えば息子に対し、逆境を克服する強さを希望しながらも厳しい選択肢を強いてしまったのではないかと考えております。

このような機会を頂いたことに重ねて感謝申し上げます。

愚かな親ではありますが寛大な御処置をお願いしたく、何卒宜しくお願い申し上げます。


会社の執行役員に自分のしたことを正直に話し、謝罪し、父親の手紙を渡した。一読した執行役員は、決意を込めた目で晴男さんを見て、こう言った。「わかった。なんとかしてやる」。執行役員が人事と掛け合い、晴男さんは無事、正社員になることができた。

後日、執行役員が晴男さんを飲みに誘ってくれた。「これは愛だ。学歴のことを隠すこともないが、わざわざ言う必要もない。お前はこの会社で活躍できると思う。がむしゃらに頑張れ」。

「一度はレールから外れましたが、27歳にしてようやくその場に立つことができたと感じました。誰からも認められるような仕事をしようと決めて、がむしゃらに働きました」

晴男さんはめきめきと頭角を現す。4年後には課長に昇進した。出世頭だった。そのときまた、あの執行役員が声をかけてくれた。

「ここまでよく頑張った。もうこれに頼らなくていいだろう。これを返す。ここからは、お前の実力だ」

手には父親の手紙を持っていた。

「生きているなかで、この瞬間ほど感動したことはありません」

晴男さんはその後、恩人である執行役員の退職を見届けて、40歳で現在の会社に転職した。

母親への恐怖で発作を起こしてしまった弟

さて、その後の母親である。やや時間を巻き戻す。

晴男さんが中学生のころ、母親は次男の中学受験対策に必死になっていた。晴男さんのときと同じように勉強を教えていたら、次男は恐怖のあまり身体が硬直する発作を起こしてしまい、病院に運ばれた。それ以来、次男には高圧的な態度をとらなくなった。それでも次男は晴男さんよりもさらに成績が良く、晴男さんとは別の有名中高一貫校に進学した。

晴男さんの北海道への逃避行はちょうどそのころのことである。

当時晴男さんは弟から、「兄貴はいいよな。糸の切れたたこみたいに好き放題にやれて……」と言われた。弟は、母親の期待を一身に受けるハメになり、彼なりに息苦しさを感じていたのだ。しかし、晴男さんほど親に反発する力がなかった。

弟は大学受験で、東大に落ちた。本人は私大に進学するつもりだったが、両親は浪人してもういちど東大を受けなさいと迫った。口論の末、弟は包丁を持ち出した。そこまでしなければ、息子の人生は息子のものであるという当たり前のことがわからなかったのだ。

そのとき晴男さんはたまたま実家にいた。弟の気持ちをなだめ、包丁を収めさせ、兄として、弟の悲しみといらだちを受け止めた。弟の気持ちが痛いほどにわかった。

晴男さんが25歳のとき、当時お付き合いしていた女性との結婚の話があった。結局その話は流れてしまうのだが、そのとき晴男さんは久しぶりに母親とじっくり話す機会を得た。母親は意外なことを口にした。

「私は至らない母親だったけれど、あなたがいま、ちゃんと仕事して、ひとりで立派に生きているのを見て、私、何も心配することがないわ」

また、父親についても語った。

「お父さんがいつか言ってたわ。子育てが自分にとって生まれて初めての挫折だったって」

いまさらそんなことを言われたって、どうしようもない。しかしいつまでも恨みをもっていても自分が生きづらくなるだけだ。母親を許し、リセットしよう。自分自身が前を向くために、そう決めた。

「母親の気持ちだって、本質的には善なのだと思います。でも自分の善を理解してくれないことを悪だと思ってしまうのは間違いです。『こんなに考えているのに』『あなたのためなのに』というのは独善です。一方で、僕も、母親から逃げるばかりでなくて、もっと母親と対決しなければいけなかったのかもしれません。そうすれば違う道があったのかもしれないと思うことはあります」

晴男さんには現在、2人の子どもがいる。盆暮れ正月には孫を連れて実家に帰り、楽しい時間を過ごすことができる。母親は孫に甘く、父親はすっかり穏やかになった。

「いちどはめちゃくちゃな人生になりましたけれど、なんとか元に戻ることができたのは、両親の仲が良かったからだと思います」

自分の経験を踏まえて、子育てで気をつけていることがある。

「自分がされたことを絶対にしたくないと思うあまり、判断が逆に偏るようなことがあってはいけないと自分に言い聞かせました。『こうしなさい』とは言わないようにしていますが、間違ったことをしているときにはドスをきかせて一喝することもあります（笑）。でも、自分に似た、自分の分身みたいな子が無邪気に遊んでいるのを見ているのは楽しいですね」

第3章
摂食障害や万引きというSOS

家庭教師による罵声・暴言

美千代さんは中学生のころ、高校受験のために家庭教師に勉強を教わっていた。その家庭教師は、5歳上の姉のボーイフレンド・徹さんだった。体育会の水泳部に所属しており、さわやかなスポーツマンタイプの好青年だった。

しかし家庭教師としての指導は厳しかった。間違えると「なんでこんな問題ができないんだ！」と怒鳴られた。できないものはできない。わからないものはわからない。しかしそれが通じる相手ではなかった。暴力こそなかったが、机を叩く音、罵声の数々、そのいちいちが美千代さんの心に突き刺さった。

間違えるのが怖くて、いつも萎縮しながら勉強していた。恐怖のせいで頭が働かない。ほとんど思考力停止の状態で問題を解くからまた間違える。そして怒鳴られる。さらに頭は真っ白になる。泣きながら解こうとするが、解けない……。悪循環だった。

もともと勉強嫌いではなかった美千代さんだったが、この家庭教師と出会ってからは勉強が苦痛になった。毎回泣きながら指導を受けた。

美千代さんが中学生だったのは1980年前後のことである。「戸塚ヨットスクール事件が起きたころ」といえば、40歳以上なら当時の世相を思い出せるのではないだろうか。

1970年代、「新幹線授業」とも呼ばれる学習指導要領による学校教育が実施されていた。急成長する経済界で活躍できる即戦力人材を育成するために、極限まで学習内容を詰め込んだのだ。「詰め込み教育」とも呼ばれた。小学校で7割、中学校で5割、高校で3割の児童・生徒しか授業についていけない状況を招き、「七五三教育」と揶揄された。「落ちこぼれ」という言葉が登場したのもこのころだった。

学校は荒れた。特に中学校は荒れた。「校内暴力」という言葉が社会現象となり、その反動として、生徒たちを押さえつけるための「管理教育」が流行した。その世相のなかで1979年、テレビドラマ「三年B組金八先生」が始まったといういきさつがある。

事態を受け、当時の文部省は慌てて学習指導要領の方針転換を決める。いわゆる「ゆとり教育」のはじまりだ。「ゆとり」という言葉が初めて学習指導要領に登場したのが1977年。その学習指導要領が実施されたのが1980年だった。

現在「ゆとり世代」というと、「学校週5日制」が導入された1992年実施の学習指導要領以降の世代を指すことが多いが、実は現在の40代からが初代「ゆとり世代」なのだ。

ちなみに、比較的記憶に新しい「円周率を3とする」とか「台形の面積を求める公式が教科書から消えた」というのは2002年実施の学習指導要領である。

「詰め込み教育」「管理教育」「戸塚ヨットスクール事件」のあと、規律で生徒たちを縛りつける指導や体罰は敬遠されるようになった。そういう指導に対する社会的視線も厳しくなった。

逆にいえばそれ以前は、「叩いて教える」「悪いことをすれば殴る」「罰を与えて子どもを管理する」という教育的思想が当たり前のように信じられていたのだ。「50人学級」などが存在した時期である。少ない教員で大勢の生徒を束ねるにはそれがいちばん効率的だった。

美千代さんの家庭教師である徹さんは、まさに「詰め込み教育」の勝ち組だった。しかも体育会系。戸塚ヨットスクール的なスパルタ教育こそ優れた教育手法であると信じて疑っていなかったのかもしれない。

さらに、ガールフレンドの妹を教えるということで、「絶対に失敗してはいけない」という気負いもあっただろう。しかしいくら大学生でも教えることに関しては素人だ。自分の経験則に基づいた教え方しかできない。

実は私にも身に覚えがある。学生のころ、アルバイトで家庭教師をしていた。いま思えば未熟そのものだった。自分と同じ勉強方法を教えているのにどうしてできないのかがわからなかった。別の教え方、導き方を知らないからだ。

それが、特別に研修を受けたこともない素人が家庭教師をする恐ろしさだと思う。怖くて考えられない。でも美千代さんは、自分の頭が悪いのだと思った。勉強をやればやるほどできなくなる。マイナスの自己暗示である。やってもやってもできなくて、涙が溢れるばかり。それを見て徹さんは「そんなんじゃできるようにならない！」と追い打ちをかける。

特に数学の指導は恐怖の時間だった。そのせいか、美千代さんはいまでも数学には苦手意識をもっている。またいまでも美千代さんは、男性が怒鳴る声を聞くと恐怖で体が固まってしまう。

勉強の成果がまったく上がっていないことは美千代さん自身もわかっていた。それでも徹さんは自分のやり方を変えない。「あんな先生、イヤだ！」と言いたかった。

相性が悪ければ、家庭教師は変えることができるのが普通だ。しかし姉のボーイフレンドであるから、それもできない。指導の最中は鬼のようだが、指導のあと姉のボーイフレンドとして家にいるときには普通だった。恐怖も感じなかった。悪いひとではないのだ。

美千代さんは徹さんの指導から逃れる作戦を考えた。家庭教師ではなく塾で学びたいと、母親に訴えたのだ。「お友達もみんな塾に行っているから、私もみんなといっしょに塾で勉強したい」。そう伝えた。

しかし美千代さんの母親は、美千代さんとじっくり話し合うのではなく、徹さんに相談してしまった。徹さんは「自分が責任をもって教えるから、家庭教師は続けさせてほしい」と訴えた。母親は、娘の希望よりも家庭教師の意見を尊重した。美千代さんの作戦は失敗に終わった。このとき美千代さんは絶望に近い感覚を覚えたという。

ここは私が選んだ場所じゃない

美千代さんの中学3年生のときの担任は、学校を休みがちなやる気のない先生だった。志望校を決める三者面談で担任は、美千代さんが聞いたこともない新設高校を志望校にするようにと言った。美千代さんにはほかに行きたい高校があったのだが、母親はその場で「わかりました」と言ってしまう。ここでも美千代さんの意見は聞いてもらえなかった。

「母は、徹さんにしても担任にしても『先生』という存在を絶対的な存在だととらえていたのではないでしょうか」

行きたくもない高校のために受験勉強をしなければならない。しかも、大声で怒鳴られて、涙を流しながら。そんな状況で美千代さんの本来の実力が十分に発揮できたとは到底思えない。実際、成績はそれほど上がらなかった。

恐怖に震えながら鉛筆を握り、間違いを恐れながら問題を解く。そんな受験勉強を経て、なんとか見知らぬ高校に合格したが、喜びは感じなかった。

しかしまわりのみんなは満足気。徹さんは「俺の厳しい指導のおかげで君は志望校に合格できた」と自信満々だ。姉はそんなボーイフレンドを誇らしげに家に連れてくる。自分のすすめた学校に生徒が入学してくれて、担任も満足。母親も「すべてがうまくいった」と思っていたに違いない。

高校受験を終えて、美千代さんはようやく徹さんのスパルタ教育から解放された。しかし苦しみは終わらなかった。

美千代さんは高校時代を「氷に閉ざされた3年間」と表現する。楽しかった思い出はほとんどない。全身の感覚が麻痺したまま、ただ学校に通う日々だった。

いじめにあっていたわけではない。先生に意地悪されていたわけでもない。未だに理由はわからない。学校が、とにかく居心地悪かった。

「ここは私が選んだ場所じゃない」。当時の美千代さんは無意識の中でそう感じていたのではないかと私は想像する。こんなところに来るためにあの家庭教師に自尊心をずたずたにされていたのかと思ってしまい、美千代さんの心は、学校にいること自体に拒絶反応のようなものを生じたのではないか。美千代さんにとっては、高校の3年間が、家庭教師のあの指導の延長線上にあった。常に窒息しそうだった。

大学受験では全滅した。このとき美千代さんの脳裡に浮かんだのは、十数年後の自分の姿だった。

想像の中の自分は、2階建てのおんぼろのアパートに住んでいた。鉄板でできた外付けの階段を上ると、コン、コン、コン……と、1段上るごとに気の抜けた金属音が鳴る。疲れた様子でスーパーの買い物袋を提げている自分。狭い部屋では子どもたちが騒ぎ、うるさい。黙らせるために金切り声を上げている自分の姿が見えた。ただ生きているだけの毎日。そんな人生が見えてしまった。

「このままでは自分はダメになってしまう。頑張るならいましかない」と奮起した。このとき美千代さんは中学以来初めて、自分で自分の人生を切り拓こうという発想をもつことができたのだ。それと同時に、いままでの自分が精いっぱいやっていなかったことに気づいた。自分にはまだ秘めた力があることを感じた。「生きる力」が蘇った。

浪人して、自分で定めた目標のために努力する楽しさを初めて知った。予備校の先生も面白かった。初めて勉強を楽しいと思えるようになった。特に英語が好きになった。

1年の浪人生活ののち、希望の短大に合格できた。短大での生活も楽しかった。就活もうまくいった。美千代さんは、自分の人生を、自分の力で取り戻した。

反抗期の代わりに表れた摂食障害

ところで、美千代さんの人生を美千代さんの手から引き離そうとしたのは誰か。まっ先に思いつくのは家庭教師・徹さんの存在である。美千代さんの自尊心をずたずたにした徹さんの行きすぎた指導は、家庭教師による教育虐待と呼べるだろう。

しかしそれならば、恐ろしい家庭教師の支配が終われば解放感を味わうはずだ。実際、家庭教師としてではなく姉のボーイフレンドとして接する徹さんには恐怖を感じなかったと美千代さんは述懐する。

それなのに、高校受験が終わって、美千代さんの閉塞感はさらに強まった。徹さんの指導が終わってから3年もの間、美千代さんは「氷に閉ざされた世界」にいるように感じていた。

では何が美千代さんの高校生活を氷で閉ざしたのだろうか。私はそれが気になった。

美千代さんは辛い過去を話すときでも、いつも笑顔だ。しかし、大学受験で失敗し、奮起し、「自分の人生を生きる感覚」を取り戻した瞬間を語ってくれたとき、美千代さんの感情が涙とともに溢れ出した。

寒いところから急に暖かいところに移動すると、瞬間的に鳥肌が立つことがある。誰でも経験したことのある感覚だと思う。美千代さんが「生きる力」を取り戻したときは、それと似た感覚だったのではないかと私は想像する。何かが氷解したその感覚が、あれから約30年というときが経ったいまでも、美千代さんの細胞に染みついているのだろう。

私は恐る恐る聞いてみた。

「高校時代、摂食障害のような症状が出たことはありませんでしたか？」

美千代さんはびっくりした表情を浮かべた。

「そう言われてみれば、ありました。完全に忘れていましたけれど、ありました」

いわゆる過食症や拒食症のような摂食障害は、思春期の女性に多い。心のバランスを崩していているサインであることが多いのだが、その原因が母親との関係にあることも多い。いわゆる「母娘クライシス」だ。

母親という絶対的存在の重圧に耐えられず、そのストレスのはけ口として過食や拒食に走る。無意識が発する一種のSOSサインである。

美千代さんは高校生のころ、パン一斤を一気に食べては嘔吐することをくり返していた。ただの氷をガリガリかじって食べるのも癖のようになっていた。また、毎日紅生姜を一袋買ってきて、それをわざわざ風呂場に行って食べた。風呂場の〝匂い〟が重要だった。湿ったかび臭い匂いの中で紅生姜を一袋食べると、心が落ち着くのだ。

そのことを美千代さんは忘れていた。無意識的にその過去を葬り去っていたともいえる。忘れていたSOSを思い出して、美千代さんはさらに話し出した。

「考えてみれば、私には反抗期というものがありませんでした。母親が言うことは絶対でした」

美千代さんの母親は過干渉タイプではない。どちらかといえば娘の話をちゃんと聞かない、娘の気持ちを理解しないタイプの親だったようだ。

美千代さんが「家庭教師をやめて塾に通いたい」と言ったときも、美千代さんの意見ではなく徹さんの意見で決めてしまった。美千代さんの進学先の高校についても、美千代さんではなく担任の意見で決めてしまった。

さらに聞けばもっとあった。学校に履いていく靴下一つを買うにしても、「それはダメ」など自分自身の思い込みにこだわり、美千代さんの話を聞こうとしなかった。美千代さんはいつも「自分は尊重されない存在」と感じていた。

母親は、娘を自分の思い通りにしようと意識的に考えていたわけではない。しかし無意識のうちに、自分の思い込みで娘を支配していた。自分と娘は別の人格でありそれぞれ違う価値観をもっているということが、感覚としてわからない。娘も当然自分と同じ価値観をもっていると思い込んでいたのではないか。

美千代さんは、母親が無意識のうちにつくり上げてしまった価値観の檻の中にいた。美千代さんが「氷に閉ざされた世界」と表現した閉塞感の正体は、それだったのではないかと私は思う。

親が無意識のうちにつくり上げた価値観の檻は誰にでも存在する。しかし思春期に当たる時期に反抗期を経験し、その檻を打ち破る。それが一人の精神的に自立した人間になるために欠かせない、成長のプロセスだ。美千代さんにはそれがなかった。だからいつまでたっても自分の人生を生きている実感が湧いてこなかった。

美千代さんのケースは、過干渉な母子関係が家庭教師を巻き込む形で表象した教育虐待といえるかもしれない。

娘のためにコーチングを学び、救われる

現在、美千代さんには小学生の娘がいる。娘の小学校受験に際し、美千代さんは自分自身がどうしていいのかわからない状態になってしまうのを感じた。なかなかうまくできない娘を罵倒してしまいそうな衝動に駆られたのだ。

それではいけないと、自分にストップをかけた。娘と自分の未来を想像した。娘が中学生になったとき、高校生になったとき、自分は娘から相談してもらえる母親でいられるだろうか。もしいま、娘を怒鳴って罵倒したら、そうはなれないと感じた。そこで母親のためのコーチング講座に通うことにした。

コーチング講座は気づきの連続だった。子どものためにコーチングを学ぶつもりだったが、自分自身のものの見方、表現の仕方、価値観を揺るがす経験につながった。自分自身とその人生を客観的に見直すことができるようになった。だからこそ今回、美千代さんは自分の過去を私に話すことができたのだろう。

コーチングを受けて、美千代さんは「なんだ、結局、自分だったんだ」と気づいた。以降、中学生・高校生時代の辛い思い出も、自分の人生にとっての糧だったのだと思えるようになった。

娘は受験を経て私立の小学校に通っている。そこでは「学校は間違えるところ。どんどん間違えていい」と指導してくれる。家庭教師も付けている。条件は女性であることだった。優しい家庭教師に、娘もなついている。「自分もこうやって教えてほしかった」と思うことがある。

徹さんは結局姉と結婚し、美千代さんの義理の兄になった。それほど頻繁に顔を合わせるわけではないが、付き合いは一生続く。

私はもう一つ気になって美千代さんに尋ねた。

「お姉さん夫婦にお子さんは？」

息子が一人いると言う。案の定、小さいころから徹さんが付きっきりで勉強を教えているとのこと。ときどき椅子が飛ぶくらいに激しく。

美千代さんを志望校合格へ導いたやり方は徹さんにとっては成功体験であり、それがベストの方法として疑っていないのだ。自分の息子となればさらに熱が入るというものだろう。

ある意味、徹さんは正しかった。息子は中学受験で超人気校に合格。さらに超難関大学の医学部に進学し、現在は医師として働く。どこからどう見ても、誰もが羨む「成功」物語だ。「頭がいい子を育てる父親の教育法」というような本を書けるほどに、徹さんには確固たる教育論があることだろう。しかしそれが少なくとも万能でないことは、美千代さんが証明済みだ。

もちろん美千代さん自身、自分の娘を同じように育てたいとはまったく感じていない。自分の人生を生きることや幸せに生きることとは、受験勉強での成功とはまったく次元の違うところにあると考えているからだ。

百科事典で父親をめった打ちにする夢

通信教育大手の「Z会」が運営する塾「Z会進学教室」で教室長を務める長野正毅さんは2015年1月に著書『励ます力』(主婦と生活社)を上梓した。塾講師としてたくさんの子どもとその保護者を見てきた立場から、子育て中の親、特に子どもの学力を伸ばしたいと考えている親への応援メッセージが込められている。その中で、長野さんはある告白をしている。引用する。

私は――あまり書きたくないのですが――幼いころ、体罰を受けて育ちました。時代が時代でしたからね。両親は私に大きな期待をかけていたのだと思います。結果が出ないとひどくののしられたりもしました。

お前は人間のくずだと言われた。成績のことだけでですよ。それだけではっきりそう言われた。蒲団に寝てはだめだと床にじかに寝かされた晩もあります。小学生のとき、塾のテストの成績が悪かった。それだけの理由です。人並みに蒲団で寝る資格はないと言われました。

本当に危ないところだったと振り返る。百科事典で父親をめった打ちにする夢を見たこともあるという。

実際にそういう事件はときどき起こる。行きすぎた教育的指導には、子どもを壊してしまう可能性があるだけでなく、加害者にしてしまうリスクもあるのだ。成績のことをなじられたり馬鹿にされたりして追いつめられていた加害者の心境を思うと、彼らだけを悪者にすることはできない。

「私の父親はもともと癇癪《かんしゃく》もちでした。意に染まないことがあると怒ってしまうひとでした」

長野さんの父親は元軍人だった。30歳間近で大学に通った苦労人。だからこそ、息子にはいい大学に行ってほしいと強く願ったのかもしれない。

勉強をしていて間違えると、その場で殴られた。勉強に対する態度が悪いという理由で殴られたこともある。小さなころからピアノもやらされていて、ピアノで間違えても殴られた。部屋の電気を消した中でピアノを弾かされて、それで間違えて殴られたこともあった。めちゃくちゃだった。

中学受験のための勉強をはじめると、父親の指導は厳しさを増した。父親の本棚には当時流行っていたスパルタ教育的な子育て本が置かれていて、「このままじゃ、まずい」と感じた。

中学生になっても体罰を受けた。しかし中学生になった長野さんは、父親のやり方は間違っていると確信した。父親の言う通りにはならないと強く決心した。それ以降、父親との会話はなくなった。父親もそれ以上、何も言わなくなった。

万引き・窃盗・いたずら電話はSOS

私はここで恐る恐る聞いた。

「体罰を受けたり、暴言を浴びせられていたころ、そのストレスはなんらかの形で表に出なかったのでしょうか」

ちょっと考えてから長野さんは言った。

「出ましたよ。万引きをしたこともあります。ひとのものを盗んだこともあります。いたずら電話もしました」

前出の美千代さんのように、女の子の場合は摂食障害という形でSOSを発することが多い。男の子の場合は、親や教師への過度な反抗やいわゆる非行と呼ばれるような反社会的問題行動もしくは不登校やひきこもりなどの形でSOSを発することが多いと一般にいわれている。長野さんも必死にSOSを発していたのだ。

中学生にもなれば、万引きが犯罪であることくらい誰でもわかっている。それでも万引きをしてしまう子どもの心理は、「もっと自分の話を聞いてほしい」「自分はいま、苦しい」というようなものだ。問題を起こすことで、親や教師をはじめとするもっと多くのひとにもっと注目してもらい、自分の胸の内を明かしたいという無意識の欲求が、問題行動へと子どもを駆り立てることがある。

もちろん万引きや窃盗は犯罪だ。そのことはとがめられなければならない。しかしそれ以上に重要なのは、まわりの大人が、その子の胸の内をしっかり受け止めてやることだ。

父親との距離をおくことに決めた長野さんは、勉強以外に自分を表現する手段をもたなければいけないと感じた。そこでロック・ミュージックに没頭した。親からの重圧に負けず、反抗期にまっとうに反抗したのだ。そしてかろうじて父親の価値観から抜け出すことができた。

「いま思えば、父は達成感に飢えていたのだろうと思います。私の成功を通じて達成感を得たかったのだと思います。それなのに父が望むレベルに私が達しないので、悔しくて怒ってしまっていたのだと思います」

親が敷こうとしたレールを外れ、長野さんは小説家を目指す。その夢を追いかけながらできる仕事として、塾講師の道を選んだ。しかしそれが天職だった。

長野さん自身は、息子に声を荒らげたことはほとんどない。自分がやられて嫌だったことを息子にはしないと決めていた。成績のことや生活態度について注意したことはあるが、常に穏やかに話すように心がけている。体罰なんてとんでもない。父親を反面教師として自分の子育てに生かすことで、負の記憶を自分の糧にした。

しかし一般的に、怒鳴られて教育されたひとは自分の子どもにもつい怒鳴ってしまうことが多い。長野さんはなぜ負の連鎖を断ち切れたのか。

「教育業界に身を置いたからではないかと思います」

子どもを追いつめることで子どもを伸ばすことはできないという多数の事例を目の当たりにしているので、怒鳴ったり叩いたりすることの無意味さを客観的に認めることができたと言うのだ。

親子関係は修復できる

ついやりすぎて子どもを追いつめ萎縮させてしまった場合には、親はどうリカバーしたらいいのだろうか。長野さんに聞いた。

「子どもも親もそして親子関係も成長するものです。一度できてしまった親子関係が固定化されてしまうわけではありません。やってしまったものはしょうがありませんから、そこから何ができるか親としては真剣に考え、それを子どもに与えていけばいいのではないでしょうか。そうすれば確実に修復はできていくはずです。間違いに気づいたその瞬間から、親子関係をどうつくっていくのか、自分がどんな親になりたいのか、それを考えれば希望が湧いてくるはずです。それが親としての成長のきっかけになりますし、親子関係の成長にもつながります。過去に起きてしまったことをあとからいじることはできませんが、それを糧にすることはあとからでもできます」

一度失敗したら取り返しがつかないのではないかという恐怖を感じることは誰でもある。

しかし大概のことは実は取り返しがつく。親子関係も修復は可能。同様に、子どもがテストで失敗しても、いまはできない問題があっても、取り返しがつかないなんてことはない。大事なのは焦らないこと、待つことだ。

自分が子どもにしてしまったことの重大さに気づき、「あのとき自分があんなことを言わなければ子どもはもっとのびのびと勉強して、もっと実力を発揮できたかもしれない」と後悔している親もいるかもしれない。

「それも糧にできる」

長野さん自身、親から体罰を受けていた。当時はもちろん、それがイヤだった。そのせいで失われたものもあったかもしれない。しかしいまはそれがすべて長野さんの糧になっている。

親からどんなことをされると子どもはイヤなのかがわかるから、自分の息子には同じことはしない。親に追いつめられている子どもたちの気持ちがわかるから、塾講師としてやってこられた。イヤな経験を乗り越えたことが、自信にもなっている。イヤな時期を経験しているからこそ、いまある当たり前を幸せに感じられる。

子育ての目標は第一志望合格ではない。自立した幸せな大人として、子どもを社会に送り出すことだ。そういう長期的視点で考えた場合、どんなネガティブな要素も糧にすることができるはずだ。

だいぶ前のことだが、長野さんは教え子から手紙をもらったことがあった。よくできる子だった。第一志望に合格するだろうと誰もが思っていた。しかし結果的に第三志望の高校にしか合格できなかった。そのときはみんなが落胆してしまった。しかし、しばらくしてその子から手紙が届いた。手紙にはこうあった。「昔の私は、ひとに見せるために勉強していました。でもいまは、自分のためだけに勉強しています」。

逆に、ギリギリまでおしりを叩いて追い込んで、結果的に第一志望合格を成し遂げたとしても、第2章の智也さんの息子のようになかなか傷が癒えないこともある。晴男さんのように、その後まったくやる気を失ってしまうこともある。第1章の知佳さんや凜さんのように、親の思い通りの人生を歩んでいるように見えて実は本人は生きづらさを感じている場合もある。

「合格＝勝者、不合格＝敗者」なのではない、大事なのはそこから何を学ぶかだと長野さんは強調する。

子育ては思い通りにならないことの連続。子育てにおいて大切なことは、起きてしまったことを否定するのではなく、それを糧にするにはどうしたらいいかを考えることだ。

望ましくないことが生じてしまったとき、それを今後の糧にすることができるかどうかが、そのひとのたくましさである。親もたくましくならなければいけないし、子どもにもそのたくましさを学んでもらわなければいけない。

わが子に対し、わざわざいつでも茨の道を歩ませる必要はないだろう。しかしもし茨の道に迷い込んでしまったのなら、それもたくましく生きていくための試練だと思えばいい。

居場所さえあればなんとかなる

たとえば父親が子どもを追いつめてしまっている場合、母親はどんなスタンスでいるのがいいのだろうか。

「実際にそういう相談を受けることもあります。はっきり言って、そういうお父さんは変わりません。お父さんがいないと勉強しないという子どもの場合、『それでもいいです。お父さんがいなくてのんびりできるなら、のんびりさせてあげてください。それがお子さんにとって必要な時間なのです』とアドバイスします」

父親を変えようとするよりも、子どもの逃げ場になってあげるほうが効果的ということだ。

授業中に突然泣き出してしまう子もいる。そういうときは、そのまま泣かせておいてあげるのだそうだ。

子どもはそうやって、自分で自分の心のバランスをとろうとする。そのための居場所と時間を、まわりの大人が確保してやることが重要だ。

相手がペットなら、ちょっと調子が悪そうなときには、少し様子を見てみようと思える。しかし子どもを育てていると、常により良く育てたいという意識が働いてしまうので、つい過干渉になりやすい。言いすぎてしまうこともある。

しかし長野さんは、「将来も大事だが、いまの気分も大事。他者の気持ちを勝手に暗くしておいて、『将来のために必要なことだから、これくらい言ってやってもいいんだ』という理屈は通用しない」と訴える。

怒鳴ってはいけない。叩いてもいけない。それは頭ではわかっている。しかし、つい怒鳴ってしまう、叩いてしまうという場合はどうしたらいいのだろう。

「思わず手が出てしまうというのは自分のエネルギーの上昇を自分でコントロールできて

いない証拠。自己制御が未熟であるということ。そういうひとは、たとえわが子であっても教えてはいけないんでしょうね」

必要なことを適切な言葉で伝えられるだけの度量がないと、ひとに何かを教えることは本来的にできないということ。塾講師という立場でも同じことが言えるという。

「授業中に、生徒が明らかにやる気のない態度を見せたり、授業を妨害するようなことをしたりすると、昔ならついカッとなることもありました。若いころは年配の先生に、『そういうときはビシッと力を見せつけてやらないと、なめられるぞ』と教えられたこともありました。でも、そういう威圧的な態度をとると教室の空気が冷たくなってしまうので、やらないほうがいいなと思うようになりました。いまではそういうことがときどきあっても、『いま、何やってるの?』などと穏やかに話しかけるようにしています。そのほうが生徒も素直に『すみません』と言いやすいようです」

「ときにはビシッとやらないと、子どもになめられるんじゃないですか?」という質問を、子育て講演会などで私もときどき受ける。しかし、親や先生という圧倒的に強い立場を利用して子どもを威嚇したところで、尊敬されるはずもない。むしろ卑怯だと思われて、なおさらなめられるはずだ。私はそうお答えすることにしている。

子どもが無意識に親や先生の神経を逆なでするようなことをしている場合なら、そのことを客観的に指摘すれば子どもだって気づく。逆にあえてそのようなことをしている場合、実は子どもは大人を試しているのだ。あるいは何らかのSOSを必死になって発信しているのである。

そこでカッとなって自分のエネルギーを制御できないようなら、ますます子どもからの信頼を失う。子どもに見下されてもしょうがない。大人なら、そういうときこそ懐の深さを見せなければならない。

「太陽と北風」である。

第4章
シェルター保護は女子が圧倒的多数

リスクは女子のほうが大きい

2004年、弁護士の坪井節子さんは仲間たちといっしょに「カリヨン子どもセンター」を開設した。

弁護士として、問題を起こしてしまった子どもの付添人などをするうちに、そういう子どもたちの背景には必ず虐待や不適切な育児があることに気づいた。家庭がどんなに不適切な環境であっても子どもたちには逃げ場がない。子どもたちのためのシェルターが必要だと考えた。

問題を起こし警察や家庭裁判所のお世話になるようないわゆる「非行少年」には圧倒的に男子が多い。男子が多くやってくることを想定していた。しかし蓋を開けてみると、逆だった。

シェルター開設から現在まで約15年の間に約380人を保護した。そのうち約3分の2が女子だった。そのうち16〜17歳が約半分、14〜15歳と18〜19歳がそれぞれ約4分の1。ただし、全国的に見ると女子のためのシェルターがほとんどで、男子の利用者は1〜2割と推測される。

「男の子の場合、いわゆる非行というある意味わかりやすい形でSOSを発してくれます。社会的な問題になるから親以外の大人が介入しやすい。しかし女の子の問題は内にこもってしまいがちです。SOSを発することができないんです」

家にいづらくて家出をしたときのリスクは、男子より女子のほうが圧倒的に大きいと坪井さんは指摘する。

男子は家出しても、友達の家を泊まり歩いたりしてなんとかやっていくことができる。お金に困って窃盗したり万引きをしたりすれば最終的に保護されて、大人の介入が受けられる。

しかし家出した女子が行き場もなくふらふらしていると、あっという間に悪い男性が寄りつき、性被害に遭ったり覚醒剤漬けにされてしまったり売春を強要されたりしてしまうのだ。

決して大袈裟ではない。少女に泊まるところがないと見るや優しい言葉で近づき、自宅やホテルに連れ込み、性的関係を強要する。さらにはそれを撮影し、脅し、少女の自由を奪う。あっという間に奴隷だ。

闇社会に連れて行かれたら、なかなか脱出もできないし、奪還もできない。女子もそれが怖いから、よほどのことがなければ家出はできない。それで、女子の場合、家庭で虐待に遭いながらもその状況に甘んじてしまうケースが多い。だから家から直接シェルターに逃げてくる女子が多かったのだ。

「非行という形でSOSを発することができる子どもはまだまし。いちばん危険なのは〝いい子〟と呼ばれるような子ども。そういう子どもの場合、実際には虐待を受けていたとしても、親も本人もそれが虐待であることに気づいていない。テレビや新聞を見ていると、ときどきありますよね。『あんな〝いい子〟がなぜ?』という事件。そういう事件を聞くたびに、逃げることができれば殺すことも殺されることもなかったのにと思います。でも〝いい子〟はSOSを出せないいんです」

〝いい子〟とはどういう子か。

「昔だったら中学くらいで反抗期があって、高校生になるくらいには親もだいたいあきらめたんです。だからこそ、子どもたちはまともに育ちました。でもいまは親が強い。学歴が高い、経済力もある。いまの子どもは高校生になっても親に逆らえない。うちの子には反抗期がありませんでしたと言う親がときどきいますが、親に反抗しない子が〝いい子〟

とされてしまう世の中です。子どもに逃げ場がないから、殺人、自殺、うつ病などにいたってしまう。もうそれしかないのです」

私もときどきぎょっとする。中高生にもなったわが子に反抗期がないことをにこにこと自慢する親御さんが多いのだ。

昨今は親向けの「コーチング」講座やその手の書籍も多い。コーチングとは本来、そのひとが本当の力を発揮するのを支援するための技術である。しかし悪用すれば、子どもを思い通りにコントロールするために使えなくもない。

まるで真綿でくるむような優しさで、わが子の話を上手に聞き、自分の思い通りの方向へと誘導する親も多いのではないか。私はそんなことをときどき感じる。

中学校や高校の教員も口をそろえて警鐘を鳴らす。中学生や高校生にもなって、いくら親子の仲がいいからといって反抗期らしい反抗期がないのは不自然。そのまま順調に親子の希望の大学に進めたとしても、のちのち大きなトラブルを生じることが多いと言うのだ。大学生になってからのひきこもりや、社会人になってからのうつ病の発症などである。

逃げられただけでも偉い

「カリヨン子どもセンター」にやってきたある女の子は、坪井さんに、「どうせ弁護士はたくさんお金もらっているんでしょ」と言った。坪井さんは笑いながら答えた。「何言ってるのよ。あなたたちのご飯代のために寄付を集めてくることで精いっぱい。私たちがもらえるわけないでしょ！」。

するとその女の子はこう言った。「お金ももらってないのに、なんでこんな仕事しているの？」。坪井さんはまっすぐ少女の目を見て言った。「あなたの命が大事だから」。女の子は「うっそだ～！」と言いながら笑った。うれしそうだった。

子どもたちはしばしカリヨンで傷ついた羽を癒やし、巣立っていく。カリヨンに身を寄せるのは平均して約2カ月間だという。ちなみに2011年以降は、シェルターの運営に対し、厚生労働省から補助金が支払われるようになっている。

現在「子どもシェルター全国ネットワーク会議」に参加している団体は21。カリヨンのようなシェルターは全国で計14カ所稼働しているが、まだまだ足りない。シェルターにたどり着く子どもたちは児童虐待や不適切養育の被害者のごく一部。氷山の一角でしかない。坪井さんは「カリヨン子どもセンター」に逃げてきた子どもたちのエピソードを教えてくれた。

Aさんは有名私立高校に通う成績優秀な高校3年生だった。世間一般的に見れば、いわゆる「いいところのお嬢さん」。なんでも親の言う通りにする典型的な〝いい子〟だった。

しかし家庭では、成績のことで罵声を浴びせられたり叩かれたりということが頻繁にあった。さらに志望大学をめぐって母親と意見が対立したところから、教育虐待が激化する。2時間以上罵声を浴びせられたり、座っている椅子を蹴られ床に倒れたところにさらに蹴りを入れられたりした。

Aさんは学校の先生に相談した。しかし先生もどうしていいかわからない。耐えられなくなったAさんは家出をする。するとあっという間に暴力団に声をかけられ、騙され、危険な状況に陥った。

かろうじて友人に電話をすることができて、救出された。しかし彼女は自宅に帰るのも危険だと判断する。福祉事務所に相談し、カリヨンに逃げてくることができた。

Bさんは開業医の父親から、「医者になれ」と命じられてきた。しかし高校3年生になったとき、薬剤師になりたい意思を父親に告げた。父親はそれを許さなかった。そこから父親による暴力が始まる。耐えられなくなって家出し、カリヨンに逃げ込んだ。

高校3年生にもなってなぜ親に言い返すことができないのか、不思議に感じるひとも多いだろう。しかし幼いころから常に「支配―被支配」の関係のもとで育てられた子どもには、逆らうという選択肢がないのだ。ある少女は親のことを「メデューサ」と称した。にらまれたら身動きがとれなくなる。

坪井さんは、カリヨンにやってきた子どもたちに、「逃げられただけでも偉い」と声をかける。

某有名中学校に通っていたCさんは、両親から徹底的に管理されていた。GPS携帯を持たされ常に居場所をチェックされた。部屋の引き出しの中や日記もすべて見られていた。門限は18時。それを過ぎてしまうと過酷なお仕置きが待っていた。ロープで椅子にしばられ、深夜まで放置されるのだ。両親が寝静まってから、弟が助けに来てくれた。

Cさんの場合、学校の先生が異常に気づき、校長とも相談して、両親には内緒で手続きを進め、カリヨンに連れてこられた。

教育的指導と虐待の違いは何か？

「単に教育熱心な親たちに見えるかもしれません。でもこんなこと、まるで教育的指導ではありません。子どもを励まし伸ばす『教育』とは真逆の行為です。これをなんといえばいいのだろうと考えて、私たちの間では『教育虐待』というようになったのです」

どこまでがしつけや教育的指導で、どこからが教育虐待になるのか。

「ここまではよくて、ここからはダメというような程度問題では語れません。しつけや教育的指導とは、子どもの成長を促すために子どもを励ますことです。英語でいえばエンパワーメントです。しかし虐待は人権侵害です。まるで逆です。子どもは親のペットでもロボットでもブランド品でもありません。親の満足のため、もしくは親の不満のはけ口に子どもを利用することは人権侵害です。子どもをエンパワーメントしたいなら、子どもを一人の人間として敬意を払いながら指導すべきです。子どもを自分と同じ一人の人間なんだと思うことができているかどうか。それが教育的指導と虐待の違いだと思います。同じ言葉を発していてもそこが違えば、子どもが受けとるメッセージも違います」

「あなたはダメな人間」「あなたなんて生まれてこなければよかったのに」「あんたなんて死んだほうがまし」などという言葉は、明らかに子どもの尊厳を否定する言葉である。「罵声を浴びせることで奮起を狙う」という理屈は、親側の理屈でしかない。「親を必要としていて抵抗のできない子どもを傷つけておいて、何が『あなたのため』でしょうか」と坪井さんは憤る。

しかし実際に子育てをしていると、ついカッとなってひどいことを言ってしまうことはある。親になったからといっていきなり聖人君子になれるわけではない。

「つい子どもを叩いてしまっても、あとから『叩かなければよかった』と思えるようなら、それは親として間違ってしまっただけ。自分の過ちを認め次は間違えないようにしようと思えるなら、虐待にはいたりません。親だっていつでも正しい対応ができるわけではありませんが、だからといってあきらめてしまうのではなく、できるだけ正しい対応ができるように心がけるべきです。親も子どもも未熟だから、少しずつ成長していけばいい」

D君の母親は、何度か結婚と離婚をくり返し、女手一つでD君とその妹を育てていた。D君と妹は父親違いのきょうだいだった。

母親は有名大学を卒業しており、教育熱心。D君もそれに応え、成績優秀。しかし母親は妹ばかりをかわいがった。D君がどんなにいい成績をとっても、母親はけなすばかりで決して褒めない。D君は母親から愛されたい一心でさらに勉強した。常に一番を目指した。それでも母親はD君にだけ暴力を振るう。D君はひたすら耐えた。

しかし高校3年生のとき、D君は初めて母親に反撃した。母親が倒れてしまった。その瞬間、怖くなった。「このままでは、いつか母親を殺してしまう」。それを防ぐために、自ら家を出ることを選んだ。

D君はカリヨンで、自分を応援してくれる大人たちに囲まれて、元気を取り戻した。みんなが自分を励ましてくれるなんて、生まれて初めてのことだった。カリヨンで生活しながら大学入試を受け、合格した。

カリヨンは彼のために寄付を集め、奨学金制度を設けた。彼は現在、カリヨンを出て安いアパートを借り、アルバイトをかけもちしながら大学に通っている。家具・家電類はカリヨンのスタッフのお下がり。ときどきカリヨンのスタッフが食材を差し入れしている。

「D君があのまま家にいたら、彼が言うように、本当に母親を殺してしまっていたかもしれません。もしくは逆に、D君が自殺してしまったかもしれません。逃げることができて、本当に良かった」

Eさんは有名進学校に通っていた。しかし、大学には進みたくないと考えていた。それで母親と意見が対立した。「大学に行かないのなら家を出て行きなさい」と言われ、カリヨンにやってきた。

カリヨンでは、子どもを保護して落ち着いてきたら、子どもがどんな思いで生きてきたのかを、子ども担当弁護士やスタッフが慎重にヒアリングする。それを文書にまとめ、親に伝えることにしている。

すると大概の親は「子どもがそんなに苦しんでいたなんて知らなかった」と言ってショックを受ける。「でも、そういう親は、『ごめんなさい』が言えない」と坪井さん。代わりに「そういうつもりではなかった……私はこういうつもりだったんだ！」と自己弁護に入る傾向があるそうだ。

この母親も例外ではなかった。自分の考えを曲げず、「帰ってくるなら、私の言うことを聞きなさい」と言った。

Eさんはカリヨンにとどまる選択をした。そして「私は大学に行かない。社会に出る」と母親に伝えた。Eさんは自立援助ホームの支援を受け、働きながら通信制の大学に通っている。親のお金には頼らず、10年かかってでも大学を卒業するつもりである。

「この選択は見事だと思いました。親元に戻っていつまでも服従するよりも、気高く自分の道を歩むことを選んだのですから」

教育虐待に陥らないために、親は自分自身に次のように問いかけてほしいと坪井さんは訴える。

（1）子どもは自分とは別の人間だと思えていますか？
（2）子どもの人生は子どもが選択するものだと認められていますか？
（3）子どもの人生を自分の人生と重ね合わせていないですか？
（4）子どものこと以外の自分の人生をもっていますか？

これができていないということは、親が子どもの人生に依存しているということ。「共依存から虐待は始まる」と坪井さんは指摘する。

虐待の裾野が広がっている

カリヨンをオープンした当初は高校を中退した子どもたちがやってくることが多かった。しかししばらくすると定時制高校に通っている子どもたちが増えてきた。そして近ごろでは全日制の高校に通っている子どもたちが増えてきている。虐待の裾野が広がってきているようなのである。

児童虐待相談対応件数の推移を見ると、集計を始めた1990年には年間約1000件であったものが、2017年には年間約13万4000件にまで増えている。児童虐待に対する認識とともに、それを見かけたら他人であっても通報しなければならないという考え方が広まってきたので、相談対応件数が急激に増えること自体は不思議ではない。ゆえにこの数字だけをもってして実際に児童虐待が急増しているとはいえない。しかしそれを考慮しても、「実際、児童虐待の件数も増えているのではないか」と坪井さんは見ている。

「大人が幸せでないことが最大の問題ではないでしょうか。大人が、不満、いらだち、ストレスを抱えていたら、そのしわ寄せは弱者に向けられるでしょう。非行に走ることができた子どもは、もしくは逃げることができた子どもは、その理不尽な支配に対してNOを発することができた子どもです。そのエネルギーがあるだけましです。それができないと、うつ病になってしまったり自傷行為におよんだり、最悪の場合には自殺・殺人にまで追い込まれるのです」

その状態からやっとの思いで逃げてきた子どもたち。それでもすぐに安堵できるわけではない。

教育虐待に限らず、虐待を受けて育った子どもたちは大人を信用していない。大人のことを、子どもを支配するか無視するか利用する存在だと思っている。

シェルターの大人たちは殴らないし、蹴らない。シェルターではののしられることもない。いつでも誰かがそばにいてくれて、話を聞いてくれて、三度のごはんをつくってくれて、いっしょに食卓を囲んでくれる。自分の部屋が与えられ、自分でカギを閉めてもよくて、誰も勝手に入ってこない。いっしょにテレビを見たり、散歩をしたり、買い物に行ったりできる。

それでも子どもたちの無意識の緊張はすぐには解けない。それが現実の世界とはにわかには信じられない。「大人がこんなに優しいわけがない。そのうちこの大人たちも自分を見捨てるぞ」と思う不信から逃れられない。

それまでも、学校の先生や友達の親や近所の大人が「大丈夫？」と心配してくれたことはあった。「ひょっとしたらこのひとは助けてくれるかもしれない」と期待したくなる。でもそういうひとたちも、最終的には助けてくれない。そこまで徹底的に寄り添ってはくれない。そういう経験を何度かすると、世の中のすべての大人に対して期待をしなくなってしまう。

それで、シェルターに来てしばらくは本当の意味では警戒心を解かず、大人の様子を観察する。

でもしばらくするとちょっと心を開きはじめる。そのとき子どもたちはまったくの無意識から、大人たちを試しはじめる。嘘をつく、暴言を吐く、拒食する、ひきこもる、不眠を訴える、リストカットをしてみるなど。そうやって、優しそうに見える大人たちの本気度を確かめるのだ。

「出て行け」は「死ね」と同じ意味

もっとやっかいなのは、複数のスタッフそれぞれに別のスタッフの悪口を言うケースだ。そうやって、一枚岩に見えるスタッフの人間関係にひびを入れる。すると未熟な大人は「私だけがこの子を守ってあげられる」と勘違いする。そうやって大人をコントロールしようとするのだ。人間関係を「支配―被支配」の関係でしかとらえることができないから。共依存体質のひとによく見られる「巻き込み」という、不適切な人間関係の構築方法を試みるのである。

巻き込まれてしまった大人は翻弄される。その大人に無理を言い、自分の要求が認められないと、「やっぱりあなたも私を見捨てるのね」という伝家の宝刀で脅す。

くり返すが、これらはすべて、自分を守るため、安心したいために、無意識的に行われるテストなのである。

カリヨンを始めたばかりのころ、実際にそういうことがあった。最初はどうしていいかわからず、スタッフは翻弄され続けた。そこで坪井さんはその子に直談判した。「もうやめて。このままではスタッフみんながだめになってしまう。カリヨンを存続できなくなる。そんなことをしなくても、みんなあなたのことを見ているから大丈夫だよ。誰もあなたを見捨てないから」と伝えた。

するとその子は「なんで出て行けって言わないの？」と坪井さんに突っかかってきた。

坪井さんは目を見開いて言い返した。「あなたさ、どっこも行くところがなくなって、カリヨンにたどり着いたんだよね。そのあなたに『出て行け』って言ったら、それは『死ね』って言ってるってことじゃない。私たちはね、子どもの命が守りたくてこのシェルターをつくったんだよ。口が裂けても『出て行け』とは言わないからね！」。

子どもは、「うわー！」と大声をあげて泣き出した。そして「『出て行け』って言われなかったの、初めてだよ」と言った。

小さなころから「言うことを聞かないのなら出て行きなさい！」と言われて育ってきた。子どもが家を追い出されたら、それはすなわち死を意味する。つまりその子はそれまでずっと「言うことを聞かないのなら死になさい！」というメッセージを受けとり、脅されながら育ったのだ。

「私はずっと、『死ね！』『死ね！』と言われて育ったの。『出て行け』って言われなかったのは初めてだよ」とその子は語った。それから彼女は本当の意味でカリヨンのスタッフに心を開くようになった。

「その子がどれだけ辛い人生を歩んできたことか。子どもに『出て行きなさい』は絶対に言ってはいけないのです。そう思うのなら親が家から出て行くべきです。親は家を出ても死にませんから。でもこれは氷山の一角だと思います。世の中には同じくらい辛い思い、もしかしたらもっと辛い思いをしている子どもがたくさんいます。その現実をみなさんに知ってほしい。だから私はこうやって話します。それが知ってしまったひとの使命だと思っています」

第5章
スパルタ教育での〝成功〟は美談か？

裕福な家庭に起こる虐待

「カリヨン子どもセンター」の取り組みを知って、2012年8月、それを記事にしたのが毎日新聞の記者・鈴木敦子さんだった。「教育虐待　勉強できる子になってほしい……過剰な期待」という記事を書いた。

児童虐待の実態については当時広く認知されるようになっていた。しつけだとしても叩いてはいけない、罰として長期間食事を与えないのも虐待にあたるなど、しつけと虐待の境目をめぐる議論はすでにあった。しかし、それらはあくまでも物理的な虐待。

暴力には、物理的な暴力だけではなく、言葉による暴力、態度による暴力がある。目に見えない暴力、しかも子どもの教育のためという大義名分のもとに行われる新しい形の虐待を取り上げ、世の中に衝撃を与えた。

当時の問題意識を、鈴木さんが語ってくれた。

「児童虐待によって幼い子どもが亡くなる事件がたびたび報道されていました。そのような事件の多くはいわゆる貧困層家庭に起きていましたから、児童虐待は貧困と結びついているものと当初は認識していました。しかしアメリカでベストセラーになった『TIGER MOTHER（タイガー・マザー）』という本を読んで、裕福な家庭には別の形の児童虐待があるのではないかと思ったのです」

『タイガー・マザー』とは、アメリカで暮らす中国人の大学教授の女性が、自分の娘たちを徹底した管理教育でエリートに育て上げる、いわゆるスパルタ教育本である。成功物語として書かれており、最初は「これがアジアの子育てか、素晴らしい」という賛美の言葉もあったが、次第に「いや、これは虐待ではないか」と否定的な意見も噴出。賛否を呼び、ベストセラーになった。

早々に日本でも話題になった。日本語版（朝日出版社）の書籍の帯には「とびきり厳しい中国人大学教授の母親〝タイガー・マザー〟が、二人の娘と繰り広げる、スリリングでこころ温まる子育て奮戦記。（中略）娘を深く愛するゆえにどんなリスクも厭わない母親の覚悟の物語」とある。

かつての日本の武家の子育てに通じるところがなくもない。しかし当時、私も読んでいて背筋が凍るような感覚を味わった記憶がある。某教育誌でこの本の教育法について特集しようと提案されたときには丁重にお断りした。

冒頭に、〝タイガー・マザー〟が子どもたちに絶対に守らせたルールの一部が掲げられている。

・「お泊まり会」に行ってはいけない
・友達と遊びに行ってはいけない
・学芸会の芝居に出てはいけない
・学芸会の芝居に出ないことに文句を言ってはいけない
・テレビを見てはいけないし、コンピュータゲームもしてはいけない
・課外活動の内容を自分で選んではいけない
・成績は全教科でA以上を取ること
・演劇と体育以外の全教科で常に1位の成績を取ること
・ピアノとバイオリン以外の楽器を演奏してはならない
・ピアノとバイオリンは必ず練習すること

これらが守られないと、〝タイガー・マザー〟は厳しく子どもたちを叱責した。たとえ

ばピアノの練習では娘に次のような言葉を言っていたという。

・信じられないわ。どんどんヘタになっていくだけじゃない。
・三つ数えるから、今度は音楽を聴かせてちょうだい！
・次に「完璧」でなければ、ぬいぐるみを全部取り上げて燃やしてしまうわよ！

めちゃくちゃだと私は感じる。しかし本の中ではこれについても、「いま思えば、こうした教え方は少し極端だったかもしれませんが、効果てきめんだったのも事実です。（中略）ソフィア（娘）には大人の側面もあり、忍耐と共感を備えていました。（中略）ソフィアのために何が最良の選択かを知っているのは私で、私はそれを望んでいましたが、ソフィアはそんな考えも受け入れていました。それに、私が短気になったり、ひどいことを言ったりしたときでも寛容でした」という扱いだ。

私には親の横暴に見えるこれらの教育方針も、娘たちがピアノやバイオリンで一流の腕前を身につけアメリカ最高峰の大学に合格したことで、「結果オーライ」とされてしまう。これこそが子どもの将来のために親が覚悟を決めて示すべき厳しさだと、この本は訴える。

しかし、どんなに見栄えの良い学歴や経歴を身につけても、それによって母親がどんなに鼻高々であっても、当の子ども本人が大人になっても生きづらさを感じ続けている場合も多いことは、第1章で紹介した事例や「はじめに」で紹介した書籍の内容で明らかだ。

実業界、政界、スポーツ界などにおいて、いわゆる「エリート街道」を歩み大きな名声を得たひとが、なぜだか薬物に手を出したりスキャンダルを起こしたりして、一瞬にして転落することもある。それが幼いころに親からかけられた「あなたは私がいないと失敗してしまうの」という呪いのせいだとしたら……。果たしてその子育ては正しかったといえるのだろうか。

そもそも人生に絶対的な「成功」なんてものはない。いいとき、悪いときがあるだけだ。どんな人生が「充実していて豊か」なのかは、それぞれのひとが決めること。そのためには、ほかの誰でもない、自分自身のモノサシが必要だ。それがそのひとにとっての「人生の羅針盤」。

それさえあれば、長い人生という「航海」のなかでたとえ逆風にさらされる日があっても、1日1ミリしか前に進めなくても、幸せを追求しつづけられる。どこかにたどり着くことが目的ではなく、自分自身の「人生の羅針盤」に従う「航海」のプロセスそのものが幸せなのだと気づくことができる。

どんなにいい大学に行こうとも、富や名声を得たとしても、それらの価値が自分ではない誰かに決められているものである限り、それだけでは、自分自身で人生の価値を実感することは難しい。それでは人生の充実感や豊かさを味わうことも難しいのではないか。私はそう思う。

絵本の多読は大人のエゴ

〝タイガー・マザー〟だけではなかった。当時テレビでは、連日のように流行の幼児教育について特別番組が組まれていた。跳び箱10段が飛べるようになったり、絶対音感が身についたり、3年間で2000冊の絵本を読破できるようになるというメソッドだった。鈴木さんはそれにも違和感を覚えた。

「追い込めばできるようになるのだとは思います。しかしそれにどんな意味があるのか」

私も記憶している。到底無理に見えた目標を達成する経験は尊い。しかし、その目標自体に意味があるのか、私にも疑問だった。

もっとも不可解なのは絵本2000冊を読破するというものだ。一瞬、「それは素晴らしい」と思ってしまう。しかしよく考えてみてほしい。

幼児は同じ絵本を何度もくり返し読むものだ。『泣いた赤鬼』を何十回も枕元に持ってきて、読んでほしいと言う。ときにはお母さん、ときにはお父さん、ときにはおばあちゃんやおじいちゃんに読んでもらう。それぞれの読み方がちょっとずつ違って、それも物語を楽しむ要素になる。同じページを何度も開いては毎回笑う。そうやって一つの絵本を何度も何度も味わうことで、子どもたちは物語のエッセンスを余すところなく吸収する。そうしてようやく物語が、子どもの血となり肉となる。

それなのに、3年間で2000冊も読まなければいけないとなれば、1冊を何度も読むことはできないだろう。じっくり味わうのではなく、とにかく早くたくさん食べたほうがいい大食い選手権のようなものだ。

たくさんの本を読むほうが偉いという価値観は大人のモノサシ。子どもに大人のモノサシを与え、そのモノサシに合うように振る舞うことを子どもに求めるのは、大人のエゴである。

しかしその教育法は当時、テレビで絶賛された。そこにも鈴木さんは違和感を覚えていたというのだ。

「私自身は田舎で育ったものですから、都会のお金持ちの家庭の子どもが私立の名門幼稚園や小学校に通わせてもらって、いろいろな習い事をさせてもらっていることがうらやましいなと感じていたことも、昔はあったんです。でも教育虐待の事例を調べるうちに、考え直すようになりました」

教育虐待が生じる背景にはまず、子どもの価値を学力で決めてしまう学力偏重の風潮があると鈴木さんは考えている。

「高度経済成長期に、1億総中流階級といわれるほどに生活様式の均一化が進みました。みんなが同じような団地に住み、同じようにカラーテレビなどの家電を買い、マイカーを買いました。あまりに生活が均一化してしまったため、専業主婦になった女性が他人と差をつけるとすれば夫の出世か子どもの学歴くらいしかなくなってしまったのではないでしょうか」

教育虐待は、実はいまに始まったことではないという認識だ。

なぜ「体罰」をしてはいけないのか？

鈴木さんはさらに、鋭い指摘をする。

「教育虐待というと新しいタイプの虐待のように聞こえるかもしれませんが、スポーツの世界では昔から当たり前のように行われてきたことではないかと思います」

スポーツ界のサラブレッドが幼少期から英才教育を受け、テレビカメラの前で親から罵倒され涙を流している姿を見ることは多い。親子の感動の物語という演出になっているが、一歩間違えればあれも教育虐待かもしれない。

テレビカメラには映らない一般の家庭でも、親が子にスポーツを教えるために過度な指導をしていることは多いのではないかと鈴木さんは指摘する。

日本では教育の現場でも、部活のなかで体罰が行われる文化がある。スポーツと体罰は切っても切れない関係にあるように考えられている。それが当たり前の文化で育ったひとたちは、スポーツの指導における体罰を虐待と呼ぶことに強く抵抗する。

ここで、教育虐待を語る前提として、明治以降の日本の教育の伝統ともいえる「体罰」

について整理をしておきたい。

「体罰は悪いことである」という一文には、少なくとも三つの階層の論点がある。

・体罰とは何か
・体罰はどうして悪いのか
・悪いことだけど必要なこともあるのか

体罰とは身体的に罰を加えることだ。2012年に部活での体罰がきっかけで高校生が自殺した事件については、「これは体罰ではなく、暴行である」というセリフも何度か聞いた。しかしこれはナンセンスだと私は思う。いったいどこに、暴行ではない体罰が存在するのか。

こういう発言をするひとの心の奥底には「愛があれば叩いてもいい」という甘えが見え隠れする。かの顧問にも実際、生徒への愛はあったはずだ。

しかし、愛があるとかないとかそんなことは関係ない。指導者の指導力として、身体的な罰をもってしか指導できないのか、それ以外の適切な方法を会得しているのかの違いである。体罰を生むのは愛ではなく、指導者としての未熟さである。

次に、体罰が悪いのは身体的苦痛をともなうからではない。自殺した生徒は身体的に痛かったから命を絶ったのではない。精神的に追いつめられて命を絶ったのだ。つまり、体罰問題の本質は、身体的苦痛ではなく、精神的苦痛や恐怖である。身体的な痛みは短期間で消えたとしても、精神的な傷が後遺症のように残ったり、場合によっては致命傷になったりするからダメなのだ。

体罰に限ったことではない。言葉による罵倒、態度による存在価値の否定もまったく同様のリスクをもつ。「罰」による教育すべてが問題として議論の場にさらされるべきだ。だからここでは、「体罰」ではなく「罰」と表記する。

それでも短期間でブレイクスルーをもたらすために、「罰」は必要なのか。このあたりになると「程度による」などという発言も出てくるのだろう。しかし私は、「罰」による成長は一時的なものであり、本質的な成長ではないと思う。

鞭のような外的動機づけに頼って成長させられた人間は、自分では自分を律することができない。鞭がなくなると前に進めなくなる。自ら成長する力が備わっていないので、困難にぶつかるとまた自分を痛めつけてくれる指導者を求めるようになる。

一方、自ら望んで試行錯誤をして成長した経験の豊かな人間は、どんな困難にぶつかっても自分の力でそれを乗り越えようとする。ブレイクスルーをもたらすために周囲ができることといえば励ましくらいだ。励ましが、目標を達成したいという本人の意志を支える。そしてあくまでも内的動機づけによってブレイクスルーがもたらされる。

後者のほうが時間はかかる。しかし教育効果は大きく、かつ半永久的だ。その意味で、「ひとは変えられる（外的動機づけ）のではなく、自ら変わる（内的動機づけ）」のだ。

そこまで理解しなければ口先だけで「体罰は悪いこと」と何度唱えてもむなしい。教育虐待も同じだろう。

かつて、日本は子どもの「楽園」だった

なぜ日本で、体罰がこれほどまでに受け入れられてしまったのだろうか。

先ほど私は、「体罰」を、明治以降の日本の教育の伝統と記した。戦士を育成しなければならない武家の社会は別として、農村や町民文化においては、もともと日本の子育てはたいへんおおらかなものだったと、江戸時代前後に日本を訪れた多くの外国人が記録して

いる。一例を紹介する。

・われわれの間では普通鞭で打って息子を懲罰する。日本ではそういうことは滅多におこなわれない。ただ〔言葉？〕によって譴責《けんせき》するだけである。（ルイス・フロイス『ヨーロッパ文化と日本文化』岡田章雄訳）

・一般に親たちはその幼児を非常に愛撫し、その愛情は身分の高下を問わず、どの家庭生活にもみなぎっている。（中略）子供らにはよく面倒を見るが、自由に遊ばせ、さほど寒くなければ殆ど素っ裸で路上を駆けずり回らせる。（中略）子供らがどんなにヤンチャでも（中略）叱ったり懲らしなどしている有様はおよそ見たことがない。（中略）彼等ほど愉快な楽しそうな子供たちは他所では見られない」（カッテンディーケ『長崎海軍伝習所の日々』水田信利訳）

・まさしくここは子供の楽園だ。（オールコック『大君の都』山口光朔訳）

「昔の親はもっと厳しかった」などと言われることがあるが、その「昔」は大概の場合、昭和の初期やせいぜい明治後期くらいまでのことを指している。

よく考えてみてほしい。そのころの日本の状況を。西洋の帝国主義を必死に模倣し、国際紛争解決の手段として戦争もいとわなかったころである。

「富国強兵」のスローガンが示すとおり、軍事国家においては、「優秀な戦士の育成」が教育の目的になる。「優秀な戦士」とは、上官の命令には絶対服従で、肉体的・精神的な苦痛や理不尽にも耐えることができるようなひとのこと。一部のリーダーを除いて、一般的な戦士には自分の意思や主体性は求められない。

戦士の育成を末端まで徹底するために「親の言うことには絶対服従」「我慢・忍耐・自己犠牲」のような教育法が、明治中期以降の軍事国家体制のもとで広まったわけだ。そういうことを「美徳」としてすり込むことが、戦時下においては合理的だったのだ。

戦争が終わっても、世界経済という競争の中で国としての威信を懸けた戦いを繰り広げているうちは同じだった。「企業戦士」という言葉がその内実をいい表しているように、高度経済成長期においても、企業の中で、上司の命令に絶対服従し、肉体的・精神的な苦痛や理不尽にも耐えられる「人材」が重宝された。

しかし、これからの成熟社会においては、誰も正解を教えてはくれない。自分自身で自分の道を切り拓いていかなければならない。言われた通りのことを速く正確にできる能力よりも、自分の頭で考えて行動できる能力が求められていることは言うまでもないだろう。

それなのにいまでも、「親が子どもに一から十まで教えなければならない」という社会的強迫観念はぬぐえていない。そのこと自体にも鈴木さんは危険性を感じている。子どもの学力が親の関わり方によって決まるかのような社会的通念があるから、親は過大な責任を感じ、つい教育熱心になりすぎてしまうのではないかというのだ。

逆に、子どもがひきこもりやニートになってしまうと、多くの親は「自分の子育てが間違っていたんじゃないか」と自分を責めてしまう。しかし、「それも親のせいだとは限らないと思います」と鈴木さんは言う。

たしかに、最近ではさまざまな軽度な発達障害が学校などの社会的環境との不適応の原因になっているケースも多く知られるようになった。逆に、壮絶な教育虐待を受けて育っても、社会に出て立派に活躍しているひともいる。親の関わり方と子どもの人生のあり方を、直線的因果律で結びつけることはできない。

「現代の子育てでは、『親の責任』が大きすぎるのではないでしょうか。それで親の肩に力が入りすぎているのかもしれません。力が入りすぎているからこそやり方を間違えてしまうこともあるはずです。ですからなんでもかんでも『虐待』という言葉をつけてしまうことには抵抗があります。そうやってレッテルを貼ることで、未熟な多くの親たちが『自分はダメな親』だと思ってしまったら、それは良くないことだと思います。そのジレンマは常にあります。私も子育てに悩む親ですから」

教育虐待の前提として、親こそがすでに追いつめられているのかもしれない。だとすれば、教育虐待を、単なる親個人の人格的問題として片づけることはできない。背景はもっと複雑だ。

「教育虐待」という言葉のインパクト

鈴木さんの記事によれば、教育虐待という言葉が初めて公に使われたのは2011年12月。「日本子ども虐待防止学会　第17回学術集会いばらき大会」で武蔵大学の武田信子教授が、「子どもの受忍限度を超えて勉強させるのは『教育虐待』になる」と発表した。さらに、「『教育』の名のもとで親の言いなりにさせられるケースはもちろん、親の所得格差が子どもの学習権に大きく影響する状態も、子どもの立場に立てば大きな問題。さらに、教育システムが知らず知らずのうちに子どもたちを追い込んでいる日本の状況自体が、社会的な意味における『教育虐待』に当たる」とも指摘した。

「教育虐待」という言葉はもともと、「カリヨン子どもセンター」のスタッフの間で「あの親は、教育という名のもとに虐待しているよね」というような文脈で俗語として使われていたものだ。それを埼玉大学の岩川直樹教授がヒアリングし、武田さんに伝えた。

その言葉に着目した当時の問題意識を武田さんに聞いた。

「私が1980年代に病院の精神科で研修をしていたころすでにさまざまな問題が起きていましたし、自分自身が修士論文で教育等のストレスと精神的な健康の関係に関する研究について書いていたので、私にとっては既知の事象でした」

教育熱心な親が、子どもを追いつめてしまうのは、何もいまに始まったことではない。現在の親が異常なわけではない。

「日本では法律上、『虐待』は『保護者』による行為と定義づけられていますが、私はカナダのトロント大学で子どもの育ちや子育て支援の研究をしていたこともあり、英語圏で『虐待』といえば、『abuse＝力の濫用』だけでなく『mal-treatment＝不適切な扱い』という意味も含んでいることを知っていました。『教育虐待』という言葉に触れたとき、私の中では、親による虐待だけでなく、社会全体の教育システムや学校という場そのものが、『不適切な扱い』に当たるケースも多いのではないかと膝を打ったのです」

それで先述の大会では、カリヨン子どもセンターの坪井弁護士が家庭における教育虐待について話し、スクールソーシャルワークの草分けとして知られる大阪府立大学の山野則子教授が家庭の貧困などの原因によって教育が受けられないいわゆる「教育ネグレクト」について話し、武田さんが広義での「教育虐待」すなわち「エデュケーショナル・マルトリートメント（教育上不適切な扱い）」について話した。

武田さんは、「学校制度が過度に競争的で強制的であることに加え、学校によっては、教師から生徒への『権力による押さえつけ』『決して弱者に対してでなければなされないような強制』『使われないような言葉遣いや態度』が見逃されていることがあります。子どもたちを萎縮させ、主体性を剥奪しかねないこの国の教育の現状をこのまま続けていてよいのでしょうか」と訴える。

同時に、「教育虐待」という言葉があまりにもセンセーショナルな響きをもつことにも懸念を表明する。

「エデュケーショナル・マルトリートメントは、個人の責任というよりも社会の価値観を反映して生じる現象として対応しなければいけない問題だと私は思っています。しかし『エデュケーショナル・マルトリートメント』というカタカナ言葉では意味が伝わりにくく、一般に浸透しにくい。かといって、『教育虐待』という言葉になってしまうと、どうしても『親個人の問題』というニュアンスでとらえられやすい」

急速に産業化が進んだ時代に一定以上の能力をもつ「人材」を大量に育成する目的で広まった教育がいまも変わらず存続してしまっているために、さまざまなところで軋轢《あつれき》を生じ、エデュケーショナル・マルトリートメントとして浮き彫りになっていると武田さんは分析している。

それが親子関係の間で生じると「教育虐待」になるのであり、学校の中で生じれば「ブラック校則」「パワハラまがいの指導」「指導死」などと呼ばれる。

社会全体の教育システムや教育観を変えないと、エデュケーショナル・マルトリートメントはなくならず、体罰もブラック校則も教育虐待もなくせない。教育虐待をしてしまう親を個人として糾弾したところで、根本的な解決にはならないという話だ。

本書の目的も〝悪い親〟を糾弾することではない。重要なのは、何が彼らをそこまで駆り立てていったのかに視野を広げることである。

第6章

理性の皮を被った感情の暴走

受験は終わったのに、自殺

某地方都市で中小塾を経営する男性は、教育熱心な親に追いつめられ自殺してしまった元教え子について、語ってくれた。

きらりと光る才能をもっているのだが、なかなか勉強しようとしないタイプの子どもだった。両親は「この子なら、やればできる」と期待して、どんどんプレッシャーをかけた。しかし、それが重すぎた。大学には進学したものの、第一志望校ではなかった。本人はそのことを気に病み、ひきこもり、最後は自ら命を絶ってしまった。

なんとか受験は乗り越えても、その後に精神の不調を訴えるのは、第2章の智也さんの息子や第3章の美千代さんのエピソードにも通じる。いちど精神的にギリギリの状態になってしまうと、受験を乗りきったとしてもすべてがちゃらになることはないのだ。

男性は「ただただ、無力に感じる。悲しい」と言って、悔しさをにじませた。両親の傷もいつまでたっても癒えない。

そんな結末になることがわかっていたら、誰も子どもを追いつめるようなことはしないだろう。しかしその時点では、親には教育が虐待に変わるその一線が見えていない。親は常に、その一線が見えていないことを、もしかしたらその一線をすでに越えてしまっているかもしれないことを、十分に自覚する必要がある。

なぜ親は、一線を越えてまで子どもを追いつめてしまうのか。

「昔ながらの大家族なら子どもに逃げ場があった」とZ会の長野さんは言う。しかも大家族なら親以外の大人の目があるから、親がやりすぎそうな場合には誰かがそれをたしなめたり子どもをかばったりすることもできた。その姿から、親自身も子どもとの適切な接し方を学ぶことができた。

しかし核家族では、親と子どもの間に緩衝材がない。親子が真正面から向き合ってしまう。子どもにはまったく逃げ場がない。親が厳しくしようと思うと、とことん厳しくできてしまう。

塾というと教育熱を煽る必要悪であるととらえられることが多いが、長野さんは、塾が子どもにとっての逃げ場になっていることもあると指摘する。

授業がないのに毎日自習室に来ている生徒がいる。かといって熱心に勉強しているわけでもない。それなら外で遊んでいればいいのにと思って声をかけてみると、「家にいるのが嫌なだけ」という言葉が返ってくることがあるのだ。

その親が特に悪い親というわけでもない。家の中にある無言のプレッシャーから逃れたいために、毎日自習室に通っているのだ。

昨今、多くの塾で空き教室を自習室として開放している。有名進学校の教師たちは、「基本的に、学校の勉強を中心にしてほしいので塾には通ってほしくないというのが本音。しかし子どもたちは自習室を使いたいがために必要最低限の授業を塾で履修している場合もある。学校が終わると塾に行き、そこでその日の勉強を終わらせて、家ではのんびりするスタイルのようだ」と口をそろえる。最近の中・高生は自宅で勉強しないのだそうだ。

はじめ、私にはそれが不思議でならなかった。使い慣れた机・椅子がある自分の部屋で、誰にも邪魔されず一人で集中するほうが勉強がはかどるのではないか。自習室に行くのは「やってるつもり」になれるからではないか。友達の顔を見て安心したいだけではないか。甘えではないか。そう思っていた。しかし長野さんの話を聞いて、それだけではないと気づいた。

昔ほどの学歴一辺倒ではないものの、「最終的には最低でもこれくらいのレベルの大学に通わせないと……」などと、依然学歴に対する意識は高い。さらに、長引く不況、就職難、終身雇用制度の崩壊、経済のグローバル化、変化の激しい時代など、世の中の先行きに対する不透明感のなかで、子どもの将来に不安を感じる親が増えている。

おまけに少子化できょうだいが少ない分、一人の子どもにのしかかる親の期待と不安は倍増している。現代の核家族において、子どもが自宅で勉強するということは、そういう空気の中で勉強するということ。非常に息苦しい。

塾の先生たちもそれを知っている。自習室の積極利用を訴える塾は多い。家で勉強して親に余計な口出しされるよりは、自習室で勉強してもらってわからないところがあればすぐに質問してもらったほうが、子どもたちのためになると考えているようだ。

塾の自習室が流行っているのは、裏を返せば、子どもたちにとって家庭が息苦しい空間になってきていることの証左なのかもしれない。これには進学校の教師たちも同意せざるを得ないのではないだろうか。実際、昨今は、学校が立派な自習室を用意するケースも増えている。

一方で、自分の部屋ではなく、居間やダイニングで勉強する子どもも増えている。しかもそういう子どものほうが成績がいいともいわれている。これについても私ははじめ、不思議に思った。まわりで家族があれこれやっていたらうるさくないのか、勉強に集中できないのではないか。しかし、視点を変えてみると理解できる。

子どもが自分の部屋の学習机で勉強していたとする。第1章の知佳さんの証言のように、教育熱心な親は10分おきに部屋をのぞきにくる。いつも監視されているような状態になる。しかもさらに教育熱心な親の場合、子どもの隣に付きっきりになり、勉強を教えてしまったりする。親子で机の上の問題に集中してしまうから、熱量は高まる。そこで子どもが間違った解答を書いた瞬間に、「違うでしょ！」とつい感情的になりやすい。密室だから感情を止めるものがない。

しかし居間やダイニングで勉強していれば、親は自分のことをしながら必要なときだけ自然に子どもに目配りできる。

子どもが間違えた解答を書いても、その瞬間には気づかない。子ども自身が間違いに気づき、修正する猶予がある。それであれば親も感情的になりにくい。子どもからしてみても、わからないところがあったらすぐに質問ができる。必要なときには子どものほうから質問してくれるという安心感があるから、親も必要以上に首を突っ込まなくなる。

親からの無言のプレッシャーに対し距離を保つための学習空間が塾の自習室であり、逆に親の懐に飛び込むことでプレッシャーを緩和する学習空間が居間やダイニングであると考えられる。

昔の日本の大家族では、子どもたちは居間やダイニングで勉強したという。核家族化が進み、みんながマイホームを買い、2階の日当たりの良い部屋を子ども部屋にするというのは、高度経済成長期に流行した一種のスタイルだ。ちょうどそのころ、日本では教育熱が高まりすぎ、「落ちこぼれ」や「校内暴力」という問題が生じた。

教育熱心な親がいる核家族の子ども部屋は、子どもが勉強するには最悪の場所なのかもしれない。

「どうしてできないの?」という凶器

塾講師たちは危ない親をたくさん見ている。塾は、受験や勉強のストレスがいちばん表れやすい場所。だからこそ、塾講師が教育虐待に気づくことも多い。教育虐待の最前線といっても過言ではない。

教育熱心すぎて子どもを追いつめてしまう親がよくやってしまう二つのパターンを、長野さんが教えてくれた。

一つは「どうしてできないの?」である。わからないこと、理解できない、親の未熟さの表れだ。

「どうしてできないの?」と言われたって子どもは困ってしまう。本来であれば、「この子はなぜこんな簡単な問題が解けないのだろう。この子にとってはどこが難しいのだろう。どうやったらこの子にもこの問題の解き方がわかるようになるだろうか」と考えるべきところであるのだが、つい「どうしてできないの?」というひと言に集約してしまう。すでにそこには「どうして?」という優しい問いかけのニュアンスはない。「こんな問題ができないあなたはバカだ」という含意が、子どもを直撃する。

「まわりのひとができるのに自分だけできないということは、勉強に限らず誰でも経験したことがあるでしょう。でも本当に簡単な問題ならそのうちできるようになるもの。そんなものでしょう。『まあ、こんなこと、自分にもあったよな。子どもなんてそんなもんだ』と思えるようになってほしい」

親はどうしても焦ってしまう。「今度のテストまでにできるようにしなければ」などと考えてしまう。だから、「いまはできない」という子どもの現状を受け入れることができない。子どもをいま、この瞬間に変えてやろうと思ってしまう。プロでもないのにあの手この手で教えようとする。でも教え方もうまくはないから子どもはますます混乱する。自分が一生懸命教えているのに理解してくれない子どもにますます腹が立つ。そこでつい「どうしてできないの？」と言ってしまう。

「どうしてできないの？」と言われても本人にはどうしようもない。なんの解決にもならない。それどころか、問いつめられれば問いつめられるほど頭の中は真っ白になる。まったく非建設的である。

親の怒りを正当化する「約束」

もう一つ、よくあるのが「約束」だ。

たとえばテストで悪い点をとってしまったとき、その成績を見ながら親が説教をたれる。その場では激高しない。「どうしてこうなったと思う？」「これからはどうする？」などと、あくまでも冷静に、原因と対策について話し合う。

ヘビににらまれたカエルのような状態の子どもは、いままでの反省点と改善策を話す。「具体的にはどうするんだ？」と親はさらに問いつめる。子どもは「これからはテレビゲームをやる時間を減らして、毎日3時間勉強する」などと応対するしかない。ほとんど誘導尋問であるが、こうやって子どもは約束させられる。

約束したときには子どもも本気に違いない。しかし人間そんなに強くはない。まして子どもである。約束が破られてしまうこともある。

これが赤の他人同士なら、多少約束が不履行になっていても気づかない。しかし同じ屋根の下で暮らす家族同士、しかも親子であれば、約束不履行はすぐに見つかる。

「あなたは約束を破った」「やるって言ったじゃない！」。親はそのことを責める。約束を破るのはひとの道に反するとされているので、親はそれを厳しく叱る正当性を得る。子どもは言い逃れができない。追いつめられてしまう。

毎日の運動が持続できない、つい間食をしてしまう、ストレスのせいで深酒をしてしまうなど、親にだって人間としていたらない部分は多い。それを棚に上げて、子どもには完璧を要求してしまうのだ。

「勉強しなさい！」「あなたはダメ人間」などとむやみに怒鳴ったり叩いたりする親は、実は少数派ではないかと私は思う。多くの親は、子どもを叱るに十分な理由を見つけてから、その正論を振りかざしているのではないだろうか。「この子が約束を破ったから、そのことを叱っている」などと、正当化をしているのではないだろうか。そうやって「自分は感情的に怒っているのではない」と自分を許しているのではないだろうか。

しかし結局のところ言外に伝えているメッセージは、「あなたは自分で言ったことも遂行できないダメ人間だ。だから成績が悪いのだ」ということにほかならない。子どもは反論できない。逃げ場を塞がれ、完全に追いつめられてしまう。

いわば、理性の皮を被った感情による攻撃である。

ただしこれを「虐待」といってしまっていいのかは難しい。自律を学ばせるために親子でルールを話し合い、それを守らせること自体は立派な教育である。しかしそれもやりすぎれば、約束を盾にした容赦ない攻撃になる。

明確な線引きはきっとない。

そこでひとつ提案がある。子どもの言動についイラッとしてしまったときには、「いま自分は、溺れかけているのと同じだ」と考えてみてほしい。まずは口を閉じてジタバタするのをやめるのだ。

そのうえで、ただ思ったことをそのまま言葉にするのではなく、子どもが自ら前向きな気持ちで自らの言動を改めようと思えるような言い方に変えるひと手間を加えてみたらどうだろう。いい方法が思いつかないときは、そのまま口を閉じていることが最善の策であることも少なくない。

わが子が弱いということを許せない弱さ

「一番になれ」「いちばんいい学校に入れ」と親から言われている子どもも多い。ある中学3年生の男の子は長野さんに対し父親からのプレッシャーを打ち明けた。

その男の子は涙をぽろぽろと流しながら、「自分は社長になろうなんて考えてもいないくせに、なんで僕にだけ一番になれと言うんだよ」と、父親に対する不満をぶちまけた。

息子から見て父親は、「社長を目指す」と宣言するような野心のある人間ではない。それなのに息子には「東大に行け」とか「一番になれ」とかそんなことばかりを言う。「お父さんは自分にできないことを僕にだけやらせようとしている」と涙ながらに訴えたのだ。

「自分の息子がそんなことを言っているのを当のお父さんが聞いたらどんなふうに感じるんでしょうかね」と長野さん。しかし塾講師としては「息子さんはこう言ってますよ」なんてことは言えない。それはいくらなんでも保護者に対して失礼に当たってしまう。

むしろ子どものほうが親に遠慮をしている。本当のことを言ってしまったら親を傷つけてしまう。場合によってはなおさら親子関係が悪くなってしまうかもしれない。だから親本人に言うのではなく、塾の先生に打ち明けているのだ。

「たいていの場合、勉強そのものが大変なのではありません。親からのプレッシャーに押しつぶされてしまうのです」と長野さんは訴える。

精神のバランスを崩して心療内科に通っている生徒もいる。「いくら勉強が大事、受験が大事といっても、そこまでやったら元も子もない」と母親に説明すると、母親も「私もそう思うんですが、主人が……」と告白を始める。

わが子が勉強のストレスから精神のバランスを崩して心療内科にかかっていることは、父親も知っている。それでもその父親は、「そんなに弱いんだったら、いまのうちにつぶれちゃえばいいいんだ」というようなことを言い放つ。

子どもの奮起を期待してのことだろう。しかしいくら親だからといって、一人の人間であるわが子を、精神的につぶれてしまうほど傷つけていいわけがない。少なくとも医者は、そのままの生活を続けていたらいつまでたっても治らないと言っている。

ボロボロになっている子どもに奮起を求めるよりも、親が勇気ある撤退の覚悟を決め態勢を整え直すほうが、結局は早く状況が良くなるだろう。急がば回れである。しかしその判断ができない。

「わが子が弱いということを許せないのでしょう。でも裏を返せば、そのお父さん自身にも同じ弱さがあるからこそ、それに過敏に反応するのです。自分の弱さを自分の子どももっているということに耐えられない弱さを、そのお父さんはもっているのです」

成功体験と屈辱体験のハイブリッド

親は、自分の経験をもとに子どもの人生を思い描いてしまいがち。そしてそれを良かれと思って押しつける。その時点で、子どもは親の人生を引き継ぎ、それに縛られることになる。親の成功事例をまね、親の失敗事例を回避する。それが人生の指針になってしまう。

しかしそれでは、子ども自らが自分の人生を歩んでいることにはならない。人生に主体性もなければ自信ももてない。だから何かうまくいかないことがあるとすぐに他人のせいにする。社会のせいにする。精神的な自立ができない。それではいくら高学歴を得たとしても、子育ての成功とはいえない。

取材を通して、子どもを追いつめてまで勉強させる親には大きく分けて二つのタイプがあると思うに至った。

一つは学歴コンプレックスだ。

自分には学歴がなくて苦労したという親は、子どもになんとしても学歴を授けようとするが、学歴を得ることでもたらされるであろうメリットにばかり目が向いて、学歴を得るために支払うコストを勘案しない。英語の苦手なひとほど子どもに英語を学ばせたがるのと同じだ。

もう一つは高学歴の親が子どもに過度な勉強を強いて、子どもを追いつめてしまうパターン。

ひとは誰しも、自分の人生しか知らない。常に最短距離を選んで歩いてきたひとは、あえて回り道をして思わぬ感動に出会うような人生の楽しみ方を知らない。たった一度でも回り道をしてしまったらおしまいだと思ってしまう。

たいていの場合はどこかで回り道を余儀なくされ、その道程で思わぬ出会いに恵まれ、最短ルートを行くだけが人生じゃないと悟る。そこから人生の視野が広がり、味わいが深まる。しかし幸か不幸か常に最短ルートを進むことができてしまったひとは、最短ルートから外れることを過度に恐れる。子どもができれば、子どもにも最短ルートを歩ませなければいけないと思い込んでしまう。ある種の強迫観念ができあがる。それ以外の生き方を知らないから。

これが、高学歴の親が陥りやすい心理だ。

自分の知らない道を歩ませるのは怖いから、わが子にも自分と同じ道を歩かせたいと望んでしまう。そうやって自分の恐怖をわが子に引き継いで、自分だけ安心しようとする。しかし親の恐怖を引き継いだ子どももまた、恐怖を感じながら人生を歩まなければならなくなる。高学歴は手に入れられるかもしれないが、常に不安な人生だ。それが本当に子どものためだろうか。親自身が、恐怖心から逃れたいだけではないかと私は思う。

あるイギリス人が、笑いながら私に話してくれた。「私の家は代々、名門校を卒業して、オックスフォード大学かケンブリッジ大学へ行くのが伝統でした。私も高校までは名門校に進学しました。でも、わが家系の200年の歴史の中で初めて私が、オックスフォードにもケンブリッジにも合格できませんでした」。

相当なプレッシャーだったはずだ。しかし父親は「そういう人生もある」と認めてくれたそうだ。彼はいま、日本で音楽関係の仕事に就いている。素晴らしい人生を送っていると語ってくれた。

わが子がそのルートから離脱するに際しては、父親にだって葛藤はあったはずだ。しかしこの父親は、恐怖を息子に引き継がず、自分の代で断ち切ったのだ。これこそ本当にわが子を守ることではないかと私は思う。

以上が、教育虐待に陥りやすい親の二つのタイプだが、実は最もやっかいなのが、それらのハイブリッドだ。

一見高学歴であっても、実は東京大学に行けずに慶應義塾大学に行ったなどという場合では、成功体験と屈辱体験の融合が、わが子への歪んだ期待となる。「子どもには成功してほしい」という顕在的な願いの一方で、「子どもにも屈辱経験を味わわせなければならない」という潜在的な欲求が渦巻く。だから、自分の成功体験に基づいてわが子を激しく鼓舞する一方で、わが子の努力や成長を素直に認めてやることができず、「お前はまだまだダメだ」というメッセージを発し続ける。

それは実は、過去の自分へのダメ出しである。

学歴コンプレックスがあるにせよ、高学歴ルートから外れるのが怖いにせよ、人生の成功が学歴にとらわれているという意味で同じだ。コインの裏表でしかない。「高学歴がないとまともな人生を送れない」という恐怖心を植えつけることで子どもをコントロールしようとする。それが教育虐待の基本構造になっている。

第7章
最凶の教育虐待を生む二つの機能不全

「学歴」はフェアな通行手形だった

教育虐待のような話題が注目されると、塾が悪いとか、偏差値教育が悪いとか、学歴社会が悪いとか、とにかく紋切り型の批判が噴出する。しかし「学歴なんていまさら役に立たない」「偏差値でひとの価値は測れない」などといくら叫んだとしてもたぶん教育虐待はなくならない。

学歴が昔ほど重要でなくなってきていることも、偏差値が高くても誰に自慢できるわけでもないことも、みんなわかっている。でも、「より良く育てたい」と思うから、「学歴もないよりあったほうがまし」「偏差値も低いより高いほうがまし」「そのためには塾に通ったほうがまし」という心理になる。

教育における競争がある限り、この心理はなくならないだろう。では、なぜ教育における競争が存在するのだろうか。これだけ激化してしまうのだろうか。日本の受験システムが過度に競争的である背景を少し説明しておこう。

1960年代の高度経済成長期に、地方から都市部へ、第一次産業から第三次産業へと、大規模な人口移動が起きた。知的労働の増加とともに、「人材育成」の必要性が高まった。どんな田舎に生まれても、どんなに貧しい家庭に生まれても、勉強さえ頑張れば、いい学校に行ける。学歴さえあれば、どんな出自であっても知的労働に就くことができる。安定した、いい生活ができる。学歴は社会階層を行き来するための通行手形になった。

１９７０年代には高校進学率が90％を超え、１９８０年には95％近くにまでなった。できるだけ強力な通行手形がほしい。誰もがそう思うようになった。こうして、高学歴をめぐる競争がどんどん激化していったわけだ。

「学歴」という言葉はいまでこそ「学歴差別」のような不平等の文脈で使われることが多いが、本来は社会的な平等を実現するためのフェアなシステムの一部であったのだ。

しかしことさらに学歴が重視されたため、日本社会においてはいつしか、教育という営みがもつある重要な側面が薄れてしまった。

教育とはもともと「リベラル・アーツ」に代表されるように、人間の視野を広げ知識を深め、自らの意思に基づく自由な人生を送れるようにするためのもの。個々の人生の味わいを増すためのもの。それと同時に、それによって身につけた「生きる力」の余剰を帰属する共同体に還元し、社会のメンバーがお互いに助け合うことでお互いの安心・安全を担保する。そうやって社会を維持するための営みだ。つまり教育の受益者は、被教育者本人だけではなく、被教育者を含む社会全体なのである。教育には、社会全体の力を増すという大切な役割がある。

ところが「勉強は高学歴を得るためにするもの」という固定概念が広まってしまったために、教育の受益者は被教育者本人であると多くのひとが思うようになってしまった。教育の公共性が薄れたのだ。

教育が学歴を得るための競争であればなおのこと、すべての子どもに均等な教育機会が与えられなければならない。日本の教育行政は、平等であることをことさら重んじるようになった。実際、日本の教育システムは平等性が高い。

しかしそこに思ってもみなかったパラドクスが生じた。みんなが同じように教育の機会を与えられているはずなのに、成績の差ができる。成績の差は、すなわち努力の差だとされる。であるからして、1点でもテストの点数が上である生徒は、点数の低い生徒よりも努力をしたということになる。テストの点数がそのまま人間的な価値を表すととらえられるようになった。

テストの点数は問題の難易度によって変わってしまうので、もっと客観的に生徒の学力を比べるために、「偏差値」という数学的な数値が用いられるようになった。

こうして、偏差値が一つでも高いひとのほうが、努力を惜しまない優秀な人間であるとされるようになったわけである。

高い偏差値を得て難しい学校に合格するためにはさらに勉強しなければならない。その場を求めて、親は子を塾に通わせた。それで塾が隆盛した。

要するに、教育機会の平等を促進し、社会階層にとらわれないフェアな社会を実現したために、教育が競争の場になってしまったのだ。皮肉である。塾を禁止すれば、偏差値がなくなれば、競争教育や教育虐待がなくなるというような単純な話ではないのである。

大切なのは「正解」をつくり出す力

フェアな競争の場であるためにはルールが公正でなければいけない。だから日本の試験は、試験範囲が明確に定められ、どういう問いに対してどういう答えを書けば正解になるのかがあらかじめ示され、それをどれだけの高い精度でこなせるかを競う方式になった。あいまいさは許されない。

全国民がそういう教育を受ける。問いには必ずたった一つの正解があるのだと、小さなころから何度も何度も刷り込まれる。俗に「正解主義」と呼ばれる文化だ。もはや国民病といってもいい。

一方、いまの世の中は「正解のない時代」とよくいわれる。唯一の正解を求める力よりも、状況に応じた最適解をその都度たぐりよせる力こそが必要だといわれる。

ただし、これも改めて考えてみるとおかしい。もともとこの世の中に正解なんてものはない。常に最適解は変化している。大昔から人間は、状況に応じた最適解をその都度たぐりよせて生き延びてきたはずだ。いまさら「正解のない時代」ということがそもそもおかしい。

社会全体が一定の方向に成長していたときには、定型化された社会がその範囲の中での正解を担保した。だからあたかも正解がある世の中に暮らしているような錯覚に陥っていただけである。

それなのに多くのひとはいまだ「正解探し」にとらわれている。現在の小・中学生の親は、まさに高度経済成長期に生まれ、そういう教育を受けてきた。体に染みついた正解主義はなかなかぬぐえない。

教育雑誌などのインタビューを受けると、「正解のない世の中を生きていかなければならない子どもたちに、いま、どんな教育をするのが正解なのでしょうか？」という冗談のような質問を本気でされることも多い。

国を挙げての教育論議も同じだ。「正解のない時代」に生きる子どもたちにどんな教育を与えればいいのかという議論そのものがすでに「どんな教育が正解か」という正解主義に陥りがちだ。

当然のなりゆきとして、子育てにも「正解」があると思ってしまう。「正解」を知らないと落ち着かない。「正解」の通りに子育てをしないと、子育てに失敗してしまうと思い込む。わが子の状態を見るよりも先に、「正解」にわが子を当てはめようとしてしまう。

それがたまたまわが子にとっての最適解と一致すればいい。しかしそうでないとき、子どもは苦しい。それでも親は、「これが正解」と信じて疑わないから、無理やりにでもわが子を「正解」に合わせようとする。「あなたのため」が子どもを壊しかねないのである。

子育てに「正解」がないということは、「不正解」もないということである。子どもは親の思い通りには育たないが、それなりのものには育つ。親がよほど余計なことをしなければ。教育についてさまざまな現場を取材してきて、これはもはや私の確信になっている。

たとえばA地点からB地点まで歩くとき、最短ルートを行きたいと思うひともいれば、きれいな景色を見ながら行きたいと思うひともいれば、安全な道を行きたいと思うひともいるだろう。一番目のひとはそれによって時間を手に入れた。二番目のひとは感動を手に入れた。三番目のひとは安心を手に入れた。それぞれ価値が違うもの。本当は時間を手に入れようと思っていたのに、道を間違えたからこそ感動を手に入れられたということもある。子育ても同じ。

そういう経験を何度かすれば、どんな回り道も糧にできるようになる。言い換えれば、「不正解」だと思われていた選択を自ら事後的に「正解」に変える力を身につけたということである。自ら正解をつくり出す力をもっていれば、「正解のない時代」も怖くない。むしろどんな回り道も糧にできる力こそ、これからの世の中を生きていくには必要なのだ。

子どもにそういう力をつけさせたければ、まず親がそういう気持ちで生きていかなければならない。だから私は、講演会などでときどき冗談めかして言う。

「子どもをたくましく育てたいと思うなら、まずお父さん、お母さんが、『すぐにやせられるダイエット法』とか『絶対もうかる株式投資』、そして『頭が良い子を育てる法則』みたいな本を読まないこと。家の本棚から捨てちゃうこと」

冗談めかして言うけれど、実は結構本気である。

親の手柄より、子どもの器

日本最高峰の学歴が得られるのであれば、怒鳴ろうが叩こうが椅子が飛ぼうが結果オーライだという考え方もあるだろう。

「メシが食える大人に育てる」のコンセプトで大人気の学習塾「花まる学習会」の代表・高濱正伸さんも、「無理やりでも勉強させれば、ある程度の学歴を得ることはできる」と言う。しかし一方で「でも、耐えられなくてつぶれちゃう子どももいる」とも。そのことは第2章の晴男さん兄弟や第3章の美千代さんがすでに証明済みだ。

高濱さんは「小学1年生なのに、絶対にやりきれないくらいの量の勉強をやらせているご両親もいる。仮に重圧に耐えられて高学歴を得ることができたとしても、生きる力が未熟であれば意味はない」と断言する。そうやって育てられている子どもは、いつも緊張しているように見えるのだそうだ。

ある母親は、夫から子どもの教育について事細かに指示を受けていた。母親はまるで洗脳されてしまったかのように、夫の言う通りに子どもを塾に通わせ、勉強させた。しかし高濱さんから見れば、あまりに無茶な方法だった。母親は夫に言われた役割をこなすことに精いっぱいで、子どものことはほとんど見えていなかった。

幸いなことにその母親は、高濱さんの講演を聞いて目が覚めた。子どもにそんなに無理をさせなくてもいいんだと気づいた。

しかし問題はそこからだった。自分の教育方針に妻が背いた。妻の説明を聞いても夫は変わらなかった。夫婦の葛藤は極限にまで達する。結局その夫婦は、子どもの教育方針をめぐる意見対立のために離婚した。子どものために良かれと思った結果が両親の離婚というのは切ない。

教育虐待まがいのことをしてしまう親に共通しているのは、それほどまでに強固な思い込みがあること。換言すれば、視野が狭い。教育の目的は何か、なぜ勉強しなければならないのかという哲学がないままに、単純にテストの点を上げるための方法やいい学校に入れるための方法に飛びついてしまう。

ところで、ひたすら勉強をさせられて、本当に東大に入ってしまう子もいれば、早々につぶれてしまう子もいる。この違いはなんなのか。

「子ども本人の器の違いです。たまたま器の大きな子だったからガンガンやらされても耐えられただけで、同じようにやられたらつぶれてしまう子もたくさんいる。たまたまうまくいった例を、あたかも親の手柄のように言う風潮がおかしい。たまたまその子に力があっただけ」と高濱さんは一刀両断する。

巷に溢れる「頭が良くなる勉強法」や「東大に合格するための習慣」のようなものを熱心に研究し、それをそのままわが子に与えても、書かれた通りになるわけがない。人間はロボットではない。一人一人、違うのだから。

書店の受験コーナーにあまたある「テクニック本」を片っ端から試してみたところで、確率的には「合わない」ほうが多いわけだから、トータルでの効果はマイナスになるのは確実だ。振り回される子どもはたまったものではない。

しかし追いつめる親にはそれがわからない。「自分は正しいやり方で教育しているのにうまくいかないのは、この子がちゃんとやっていないからだ」となる。その焦りが、過度な叱責や強制的な勉強につながる。

たとえば、親がAという塾に通って志望校に合格したからといって、子どもも同じ塾に通えば同じ志望校に合格できるわけではない。子育てにおける成功事例は、そのとき、その場限りのものでしかない。「親戚の○○ちゃんが、こういう勉強の仕方で有名中学に合格した」というたった一例や二例を一般化してしまうのが間違いだ。

「まるでブランドもののスーツに身を包み、高級外車に乗って、評判の高級レストランに行く感覚。低学年のうちはこの塾に通ってこの教材をやらせて、中学年ではこんな習い事や経験をさせて、高学年になったらこの塾に通ってこのコースに入れれば有名中学に入れるというように、世間一般に〝良い〟といわれるものを集めたベストシナリオが、頭の中にできあがっています。まるっきり子どもを見ていない。だからほどほどのさじ加減もわからない」と高濱さんは憂う。

前出の「Z会進学教室」の長野さんも、「どんなことでも、正しいやり方などというものはないんだと思います。ひとのやり方を参考にすることは大いに結構ですが、ただまねをするだけではだめでしょう。そしてどんなことを試みるにしても、親子関係が良好であることがベースになければ意味がありません。考えてみてください。たとえば『なんとか健康法』というものがあって、それをやってみたとしても、そもそも不規則な生活をして暴飲暴食までしていたら、なんの意味もないことは明らかでしょう。子育ても同じです。親子関係が安定していないのに新しい問題集を買ってきたり、新しい勉強法をやらせてみたりしても、効果は望めません」と言う。

ビジネスの原理が教育を汚染する

健康食品や薬なら、効果の示し方には一定の基準が設けられている。科学的なエビデンスもなく、効果を謳《うた》うことは許されない。健康食品や薬なら、効果がない場合、メーカーのせいとなる。

しかし「頭が良くなる」系コンテンツの場合、言ったもの勝ちのようなところがある。効果がないと、「子どもの能力の問題」にされてしまう。子どもの可能性を引き出すはずであったのに、子どもをおとしめる方向に力が働く。

一部には「脳科学で証明！」などという謳い文句があったりするが、それこそまゆつばだ。脳科学はまだまだ若い学問。脳のごく一部の働きが解明されつつあるにすぎない。鵜呑みにすることはできない。

その証拠に、1990年代には、「右脳教育」などと呼ばれる教育が一世を風靡したが、いまはほとんど見なくなった。代わりに2000年代には「前頭前野」が大事だといわれるようになった。いまはそれもあまり聞かない。その様子から、私のような脳の素人でも次の結論が言える。「結局、全部大切」。

いくらトマトが体にいいからといって、トマトだけを食べて健康になれるわけがない。体幹トレーニングが大切だからといって、それだけをやって何かのスポーツが上達するわけでもない。すべてはバランスだ。それと同じだ。

なんでも法律で縛るというのは私も好きではないが、「頭が良くなる」系のコンテンツにはなんらかの規制が必要ではないかと私は思いはじめている。

そもそも教育によって得られる成果はひとによって違う。あるひとは勉強して身につけた知識と技能を利用して、画期的な発明を成し遂げ、大金持ちになるかもしれない。あるひとは勉強して身につけた教養とコミュニケーション能力でたくさんの仲間をつくり、社会を変革するかもしれない。またあるひとは数学の世界にのめりこみ、食べることも忘れて数式の美しさに没頭するかもしれない。さらにその成果は、教育を受けたその瞬間に表れる場合もあるし、数十年後に表れることもある。それこそ、ひとの数だけ、勉強の意味がある。

つまり、その子どもが勉強して何を得るのかを、予言することはできない。要するに、勉強の価値は、やってみなければわからない。ゆえに、子どもに勉強の必要性を説くことは難しいという逆説も成り立つ。

教育とは本来、「こうすればこうなる！」と効果を謳えない類のものなのだ。しかし実際は、「こうしたらこうなる！」と効果を謳う教育系コンテンツや、「これからのグローバル社会を生き抜くために」という脅しの文脈で子をもつ親の心をとらえようとする、怪しい教育類似商法が氾濫している。

教育にわかりやすい成果を求める風潮を利用したビジネスだ。ビジネスの原理が教育を汚染しているといってもいい。

ビジネスとは、お互いにとって価値あるものを即時的に等価交換するしくみである。しかし前述のように、本来教育によってもたらされる価値は予言できない。つまり教育にビジネスの原理はあてはめられない。

にもかかわらず、無理やり教育にビジネスの原理をあてはめるとどうなるか。教育に、予言できる成果を求めるようになるのである。

たとえば中高6年一貫教育といっても、その教育の目的は生徒の人生を豊かにすることであり、6年の間に即時的に効果を発揮することではない。希望する進路を実現させたり、テストの点数を上げたりすることは、教育の必要条件ではあるが十分条件ではない。「いい学校」に通って希望の大学には入れたけれど、なぜだか人生はうまくいかないというのでは本末転倒だ。

それなのに、6年間の教育にはっきりとした成果が求められるようになると、大学進学実績や偏差値ばかりが注目されるようになる。

教育の価値が数値化されると、子どもの価値も同じ数値で測られるようになる。「あの子は○○学校の子、あの子は△△学校の子。○○学校の子のほうが出来がいい」とか「あの子は偏差値60、この子は偏差値40。偏差値60の子のほうが出来がいい」とか。それがそのまま親の能力までを物語るようにもなる。「あの子の親は、息子を○○学校に入れたからすごい。この子の親は、娘を△△学校にしか入れられなかった」など。

こういった状況も教育虐待の温床になっていると考えられる。

「人材育成」と「教育」は似て非なるもの

教育の領域にビジネスの原理が入り込んできていることを象徴している言葉がある。「人材育成」だ。

結論から述べる。「教育」は子どもありきの営み、「人材育成」は目的ありきの営み。出発点が真逆である。しかし昨今の教育議論では、これら二つが混同されていることが多い。二つの違いを見ていこう。

学問とは「問うて学ぶ」こと。勉強とは「強いて勉める」こと。

二つは似て非なるものであり、対をなすものでもある。たとえるなら、勉強とは地中に根を張るようなこと。学問とは天に向かって幹や枝葉を伸ばしていくようなこと。先人たちの知恵を効率よく吸い上げられるように根を縦横無尽に張り巡らせることで、初めて誰も到達したことのない空中へ枝葉を伸ばすことが可能になる。

ただし、ケヤキにはケヤキの育て方があり、松には松の育て方がある。それぞれ適切な環境を与えられれば、小さな種子は自らの力で芽吹き、自らの力で根を張り、自らの力で枝葉を伸ばし、大木となる。それが教育。

つまり教育とは、それぞれの人間の特性を見極め、好ましい環境を与えること。だから、「どんな教育がベストか」を論じることには意味がない。「どうやったら多様な人間が育つか」を論じるべきだ。

一方、「人材育成」とは、なんらかの目的に合う材料として一定のスペックをもつ状態に人間を加工すること。どうやったら効率よく「人材」を育成することができるかに主眼が置かれる。

注意すべきは、「食材」も「木材」も、一般には「材」になったときにはもう死んでいるということだ。人間の場合、「人材」と呼ばれても本当に殺されるわけではない。しかし「材」としての「役割」にとらわれてしまっては、「生き物」としての「生き様」を失う。「材」となったものにはすでに「生きる力」はない。

そして「人材育成」という言葉と「教育虐待」という言葉は、どちらも指導を受ける側の意思が後回しにされている点が共通している。つまり「人材育成」の概念は「虐待」に直結しやすい。

だとすれば、「教育」が「人材育成」にすり替えられた瞬間に、「虐待」への道が開かれてしまうのではないか。本来の意味での「教育」が「虐待」に直結することはあり得ず、「教育虐待」のように見えるものの本質は「人材育成虐待」なのではないか。

教育虐待だけではない。第5章で触れた「エデュケーショナル・マルトリートメント（教育上不適切な扱い）」と考えられるほとんどの行為は、「教育」が「人材育成」に取って代われたために生じているのではないか。私にはそう思えてならない。

しかもそこに子どもに目的を達成させられるかは親の腕次第という幻想が加わると「親として、なんとしてでもわが子にいい成績をとらせなきゃ」という強迫観念が生まれる。それが親を、教育虐待に走らせる面は大きいはずだ。

やっかいなのは、家族の機能不全

社会として「学歴」という通行手形の機能に重きを置きすぎたため、「正解のない時代」の教育にさえ「正解」を求める風潮が生まれ、さらにビジネス思考の蔓延が「教育」という営みを短絡的な「人材育成」にすり替えた。もはや社会の機能不全といっていい。

そこに、親自身が自分の人生のなかで解消できていない恐怖心、孤独な子育てのストレスや夫婦間の葛藤などの要素が加わると、「あなたのため」という言葉はもはや呪いとなり、子どもを壊す教育虐待にまで発展することがある。

ただし、単に教育熱心の度がすぎてこれらの悪条件が重なっただけであるのなら、そこから抜け出すのは不可能ではない。高濱さんの講演を聞いて、あるいは長野さんの著書を読んで、思い込みを手放すことに成功し、教育虐待の加害者にならずにすんだ親はたくさんいるはずだ。

そういうきわどい経験をするのも、親として成長するためには必要な糧なのかもしれない。しかし教育虐待の闇には、もっと根深い問題が隠れていることがある。親が育った家庭環境に起因する家族の機能不全が根本に潜んでいる場合だ。

いわば社会の機能不全と家族の機能不全が不幸にも重なり合ってしまったところに、最凶の教育虐待が生じる。第1章で紹介した凜さんのケースがそれに当たる。子どもへの被害は甚大で、しかも逃げ道がほとんどない。生死に関わる極端な事案にまで発展する教育虐待の多くはこのパターンではないかと思われる。

家族の機能不全とは何か、ごく簡単に説明しよう。

家族の中に慢性的な心身の不調を訴える者がいる場合、「二世代・三世代前までも含めた家族全体の大きな問題が、その個人を通じて表れた」ととらえる考え方が、心理学の家族療法的アプローチにはある。

問題を発症している個人を治療しても、そのひとが快復したとたん、別の誰かが不調を訴えることが多いという経験から導き出された考え方だ。肩こりを感じて首すじをマッサージしてもらったらこんどは腰が痛くなることがあるのに似ている。

家族になんらかの機能不全があれば、そのしわがどこかに表れる。そこのしわだけを伸ばしても、そのしわ寄せが別のどこかに表れる。それをくり返しているうちは、家族の中で問題をぐるぐるとパス回ししているだけなのだ。家族全体を視野に入れ、全体を変化させることで、しわを取り去らなければならない。

家族のメンバーの思考・感情・行動は、互いに強い影響力をもっている。家族の一人一人が磁石のように、引き合ったり反発し合ったりして、互いに微妙なバランスを保っているイメージを思い浮かべてもらえばいい。

たとえば、家族の誰かが心身の病気を患ったり社会不適応を起こしたりした場合、ほかのメンバーがほとんど自動的に無意識のうちに少しずつそれに反応し、機能を補完して、家族システムを安定させようとする。

論理的な説明は割愛するが、凛さんのケースでは、凛さんの母親の世代においてすでに家族システムに強烈な機能不全があり、そのしわ寄せが、凛さんに表れたと考えることができる。

凛さんは、得体の知れない生きづらさに耐えることができず、自ら命を絶った。すると今度は、凜さんを精神的に支配していたはずの母親がうつ病を発症した。これも家族システム論的にとらえれば合理的なのだ。

凜さんの弟・弘くんは、そのしわ寄せを引き受けないために機能不全家族との関係を断って、自立への道を歩みはじめた。辛いが、正しい選択である。

プロの力を借りることも必要

教育虐待に限らず、児童虐待、ドメスティック・バイオレンス、モラル・ハラスメント、アルコール依存症、ギャンブル依存症、セックス依存症などは、こういった構造の中で生じている可能性が高い。

自分が被害者であれ加害者であれ、同じ家族システムの中にいることに変わりはない。たとえばアルコール依存症でドメスティック・バイオレンスも行う夫をもつ妻は、一般には被害者であると思われる。しかし心理学的には妻もまた、夫をアルコール漬けにする「共依存」関係にあるととらえる。

体を壊したり社会不適応を起こしたりするほどにアルコールを摂取しているのであれば、

どんな手段を使ってでもアルコールを断つのが本当の支援である。しかしアルコールがなくて暴れている夫を見ていると、「これで最後ですよ」と言ってアルコールを渡してしまう。

これが夫をアルコール依存症のままでいさせてしまう。そうすることで、無意識のうちに、「ダメな夫を支える妻」という立場を確保しようとするのだ。手に負えないのであれば、専門の機関に頼るなどするしかない。それなのに、それはかわいそうだからとなんとか自分で面倒を見ようとするその姿勢が結果的に、夫から「立ち直る機会」を奪ってしまっていることになるのだ。

同様に、「まったくダメな子ね」「どうしてあなたはそうなのかしら……」などと子どもの人格を否定する表現を頻繁に口にする母親は、無意識のうちに「あなたには私が必要なの」というメッセージを子どもに刷り込んでいる。

いつまでも自分を必要としてほしいという親としてのエゴが子どもを萎縮させ、自立を阻む。まったく無意識のうちに子どもが無力であることを願い、自分の力のおよぶ範囲から抜け出すのを阻止しようとしているのだ。

その一つの手段として、教育虐待が行われているケースも多いと考えられる。

子どももそれに不適切な形で答える。無意識のうちに、いつまでも親がいないと何もできない子どもを演じ続ける。

第1章の知佳さんも、心理カウンセラーから「母親のことを手放してもいいんだよ」と言われたとき、「そんな親不孝なことはできない！」と最初は思ってしまった。しかしそのことが、知佳さんの母親をいつまでも加害者で居続けさせてしまっていた。

知佳さんは自分の過去にアプローチしトラウマを解消するため、催眠療法の一種を用いた。勇気をもって母親を手放し、そのことを手紙で伝えることで、負の連鎖を断ち切ったのだ。その後、母親の人生にもなんらかの変化があったに違いない。そうやって家族の機能は少しずつ回復する。

教育熱心な親が単に前のめりになりすぎて一時的にバランスを崩し、やりすぎてしまっただけの教育虐待であれば、親本人がそれに気づくことで比較的早期に親子関係を修復できる。子どもの心の傷も比較的早く癒える。

しかし、家族システムの機能不全を背景に教育虐待が生じていると考えられる場合、当事者が自力でそれを克服することは極めて難しい。家族をつなぐ糸は複雑に絡み合ってしまっている。

「はじめに」で紹介した書籍に描かれているような、幼少期からの親子関係の壮絶な歪みを大人になって克服したケースでは、大概、精神科医や心理カウンセラーなどのプロの助けを借りている。

もし自分が被害者であり、いまだ負の体験から抜け出せていないと思い当たるなら、勇気をもってプロの力を借りることをおすすめする。

第8章

結局のところ、親は無力でいい

「非行」は言葉にならないSOS

教育虐待を受けた子どものみならず、教育虐待をしてしまう親もまた、すでに数十年前から社会の機能不全や家族の機能不全のしがらみにとらえられてきた構造的被害者である可能性が高いことを、前章まで明らかにしてきた。

最後に、「人権」の観点から教育虐待を減らす手がかりを探してみたい。教育虐待が子どもに対する人権侵害であることは第4章で述べた通り。

1989年、国連は「子どもの権利条約」を採択した。日本は1994年に批准した。世界中の子どもたちの人権を守るために、世界中の大人が何をすべきかを定めたものだ。

さらに1990年、国連は「子どもの権利条約」を基盤として、「少年非行予防のための国連ガイドライン」通称「リヤド・ガイドライン」を定めた。その前提となっている認識は、「人権侵害をされた子どもが非行に陥る。つまり非行は、人権を尊重されてこなかった子どものSOSと受け止めるべきだ」というものだ。

非行をSOSとして受け止め子どもたちの人権を回復すれば、子どもたちは立派に人生を歩み、社会に貢献する存在になれる。非行少年に「犯罪者」というラベルを貼って社会の厄介者として扱うのか、彼らの人権を保障し社会に貢献するひととして扱うのかを問うている。さらに、「非行を予防しようとするのなら、幼いころから子どもの人権を守り、保障していくことだ」とも指摘している。

実は「国連子どもの権利委員会」は1998年から2019年まで4度にわたり、「高度に競争的な学校環境が子どものいじめ、精神障害、不登校、中退および自殺を助長している可能性がある」などと日本に対して勧告している。端的にいえば、日本の社会構造そのものが、子どもの人権を守るのに適していないという指摘である。

子どもの人権を理解するうえで、「リヤド・ガイドライン」のなかにある「子どもと大人の対等なパートナーシップ」という表現が特に重要であると、「カリヨン子どもセンター」（詳しくは第4章）の坪井さんは指摘する。

概念的には理解できるが、実際にどういう関わりのことを指すのか。大人のほうが知識も腕力も経済力も圧倒的にあるのに、どうやって子どもと対等なパートナーシップを築けというのか。坪井さんも、最初はわからなかったと言う。

坪井さんは弁護士として支援してきた子どもたちとの関わりを振り返ってみた。すると、あることに気がついた。「あ、自分はいままで、子どもたちより上に立っていたことがなかった」。意識したわけではなかったが、もともと子どもたちと対等なパートナーシップを保っていたことに気づいたのだ。

「子どもたちと話すたびに、私は打ちのめされるばかりでした。私が経験したことのない過酷な状況を経験してきた子どもたちの話に圧倒されるばかりで、どうすることもできない。無力感を覚えるばかりでした。逃げ出したいと思ったほどです。もともと弁護士は、ひとから相談されて法的なアドバイスをする仕事です。でも子どもの人権救済をしようと思ったら、言うべき言葉すら見つからないわけです。大人としての経験すら役に立たないのです。そんななかで追いつめられた私ができたことは、『私は何もしてあげられないけど、あなたにはとにかく生きていてほしい。それだけは願っているからね。もし私にできることがあったら、私、やるから。それだけは言って』と伝えることでした」

いっしょにオロオロするだけでいい

子どもの人権には三つの柱があると坪井さんは言う。

（1）「生まれてきて良かったね」と言ってもらえる。
（2）「ひとりぼっちじゃないからね」と言ってもらえる。
（3）「あなたの人生はあなたしか歩めない」と認めてもらえる。

「要するに、私たち大人がすべきことは、この三つだけなんです。逆にいえば、これ以上のことはできないんです。要するに私たちは無力なんです。結局子どもといっしょにオロオロすることしかできないんです。でも、それを認めることから、子どもたちへの支援は始まります。何もできなくても、ずっとそばにいてあげて、とにかく生きていてほしいと伝えます。それが重要なのです」

「子どもがみるみる元気になっていく」「親が変わってくれた」などというわかりやすい成果を求めるのではなく、ただただ困っている子どもといっしょにオロオロすることが、ただただ子どもたちが自分の力で人生を取り戻すのを見守るスタンスが、支援者には求められているのだ。

「私たち一人一人は弱いからこそ、みんなでスクラムを組んで、一人の子どもを抱きしめ続けます。一人一人は弱くても、スクラムを組んでいれば、子どもたちがいくら私たち大人を試そうとしても、スクラムは絶対に解けません。そうやって無力な大人が力を合わせることで、やっと子どもは心を開くことができます。そこからやっと、自分の足で新しい人生の一歩を踏み出す力が湧いてきます。子どもたちの『本当は生きていたい。本当は愛されたい』という気持ちが蘇るのです。私たちがしているのはそういうことです」

子どもたちを守る大人は、無力でいいのだ。特別な能力など必要ない。

「カリヨンのスタッフだって『こういう選択肢もあるし、こういう道もある。こっちの方法よりこっちの方法のほうが楽だし合理的だし……』というような助言はするけれど、『最後に決めるのはあなたよ』というスタンスです。最後は自分で決めるということがとても大切です。自分で新しい道を選んだ子どもたちがなんと誇り高く見えることか。まさに人間としての尊厳を取り戻したのだなとわかります。『私の道は私が選ぶ』と思えるようになるのです。これが人権救済なんだと、私は子どもたちから教わりました」

坪井さんは、「転換期」といえるエピソードを教えてくれた。

いじめの苦しみから逃れるため、ある少年は自殺を試みた。80錠服用すれば確実に死ねるといわれている薬を50錠飲んだ。坪井さんと面会したとき、少年は、「五分五分にかけた。

死ぬのは怖くなかった」と言った。

さらに、「何より腹が立った言葉があったよ。『死ぬ勇気があるのなら、いじめに立ち向かえ』と書いたカードが教育委員会から配られたんだ。でも、死ぬのに、勇気なんていらないんだ。立ち向かえないから死を選ぶしかないんじゃないか。何にもしてくれない大人たちが、どうしてそんな無責任なことを言うのかと、腹が立ったよ」とも。

有名中学校に通っていた彼は3カ月間以上、学校でいじめにあっていた。仲間に入れてもらおうと思って迎合もしたが、うまくいかなかった。親にも言えなかった。きっと悲しむだろうと思ったから。

「みんなは僕のことが嫌いなんだ。僕なんていないほうがいいんだ」と思ったら、体が動かなくなり、学校に行けなくなった。

学校に行けないことを親に告げると、「3カ月間もなんで何も言わなかったの？　弱虫！　そんなこと無視しなさい！　みんな頑張って学校行ってるじゃない！　強くなりなさい！」と叱られた。

このとき、最後の命の糸がぷつんと切れた気がした。いままで、いい学校に行って、いい成績をとって、いい大学を目指すという価値観しか、親からは示されていなかった。その自分が学校に行けなくなったら、何の価値もなくなってしまうと感じたのだ。

オロオロしている坪井さんを見て少年が言った。「子どもの話をこんなに真剣に聞いてくれる大人がいるなんて、知らなかったよ」。

「それまで彼は、大人に何かを相談しても、『ああ、それならこうしなさい』とか『はいはい、わかった、わかった』と言われるばかりで、自分の言葉を最後まできちんと聞いてもらったことがなかったのでしょう」と坪井さんは言う。

このとき坪井さんは、「あ、これか、子どもが求めているものは」と、初めて気づいた。そして、「私、これならやれるかもしれない」と希望が湧いてきたのだ。

助言をしたり解決したり元気にしてあげたりはできない。でも、話を聞いてそばにいてとにかく「生きていてほしい」と願い続けて、その子が「もういい」と言うまでそばにいることならできる。

「何もしてやれないけど、いっしょにオロオロすることなら私にもできる。ほかに私にできることがあったら教えてほしい。あなたに生きていてほしいから。そしてもし、私自身が困ってオロオロしていたら、いっしょにオロオロしてほしい。あなたにお願いできることがあれば、きっとお願いするから」。坪井さんはそう思うことができるようになったのだ。

これが「大人と子どもの対等なパートナーシップ」だと坪井さんは悟った。そして、まさに大人がそういうスタンスになったときに、子どもたちのなかに変化が起こることがわかってきた。

「一度死のうとまで思った子どもは、そう簡単には元気になれません。でも、底なし沼のように暗くて冷たい闇に落ち込んでいった子どもたちの心にも、小さな火がともる瞬間はやってくるのです。そのとき、それ以上は落ちていかなくなるのです。そこからは、両親、医師、学校の先生、カウンセラーなどたくさんのひとたちの力を借りて少しずつ元気を取り戻せるようになります」

子どもは自分の言葉に命を乗せる

一度死のうと思った子どもの親は、「ただ、生きていてくれればいい」と、それだけを願うようになる。いい成績なんてとらなくていい。学校なんて行かなくてもいい。わが子が生きていてくれるだけでありがたいと思えるようになる。逆にいえば、その気持ちを忘れていたからこそ、子どもはわが身を犠牲にしてまで、それを伝えなければならなかったということだ。

普段、親は、毎朝子どもが起きてきて、文句を言いながらも学校に行き、自慢できるほどではない成績をもらって帰ってくることを当たり前だと思ってしまいがち。そこに深い闇につながる落とし穴が潜んでいる。当たり前の上にあぐらをかき、知らぬ間に、子どもの人権を侵害してしまっていることがあるのだ。

自殺未遂をした少年の話には続きがある。少年は学校をやめると決めた。両親は、「長い人生、2年、3年の回り道がなんだというのか。また学校に戻りたいと思ったら戻ればいい。あの子が生きて、自分で自分の道を歩んでくれればそれでいい」と言って、それを認めた。

少年は坪井さんに一つだけお願いをした。「僕の話を、学校の先生に伝えてほしい」。自分はもう学校には戻らない。しかし自分の経験を先生に伝えることで、自分と同じ苦しみを味わう子どもが減らせるはずだと考えたのだ。先生たちの中途半端な介入がどれだけ子どもを苦しめているか、先生たちに伝えたかったのだ。

「彼はそうすることによって、自分のマイナスだった人生を、プラスに変えることができると考えたのではないかと思います」

坪井さんは彼の言葉を先生たちに伝えた。先生たちもしっかりと受け止めてくれた。そのことを坪井さんは彼に報告した。彼はとても喜んだ。

「子どもたちが言葉を語るとき、彼らは自分の言葉に命を乗せています。その言葉をしっかり受け止めることが、『あなたの命、しっかり受け止めたよ』ということになるのです」

彼は学校をやめてから、鈍行列車に乗って日本一周の旅に出た。

坪井さんが支援するのは特に壮絶な苦しみを味わった子どもたちだ。それでも彼らを支えるために必要なのは、弁護士としての知識でも、心理カウンセラーとしてのスキルでもない。ただ話を聞いて、いっしょに悩んで、いっしょにオロオロすることだったのだ。一般の親も同じではないだろうか。

子どもが育つうえで、もちろん親の影響力は絶大だ。しかし、あえて言いたい。結局のところ、親は実は無力であると。いやむしろ、親は無力でいい、無力がいい。

親になると、子どものためにあれもしてあげようこれもしてあげようという気持ちに駆られる。しかしあれこれしたことがそのまま親の期待通りの成果をもたらすとは限らない。むしろそうならないことのほうが圧倒的に多いだろう。親の意図とはほとんど関係のないところで、子どもは育っていくのである。

有名大学出身の親が、自分が育てられたのと同じように子どもを育てたからといって、その子が同じように有名大学に行けるわけではない。しかしだからといって、その子がその親よりも不幸な人生を歩むことになるわけでもない。親よりもよほど幸せで充実した人生を歩むかもしれない。

くり返す。子どもは親の思った通りには育たないが、それなりのものには必ず育つ。親がよほど余計なことをしなければ。私はそう思う。

「子どもは社会の宝」の二つの意味

そもそも現代社会は、「親」という概念を過大評価しているのではないか。

子育てとは、未来の社会のメンバーを育てること。つまり未来をつくる社会的営みであり、本来そのコストは社会全体で担うべきものである。ゆえに、「親」が子どもを私物化することも許されず、一定期間その子をお預かりしたら世の中にお戻ししなければならないという逆説も成り立つ。

「わが子のために」とあれこれ考えるのは親の性。それは私も否定しない。しかしだからといって、子どもに期待通りの結果を望むのは親のエゴである。

子どもは親のために生きているわけではない。子どもは親の望む人生を生きるのではない。子どもが自分の力で自分の人生を切り拓いてこそ、生きている実感を味わえる。親ができることは、子どもを励まし、見守ることだけだ。

それはときに非常に苦しい。つい手を出してやりたくなってしまうことも多い。だが、求められてもいないのに親が子どものやることに勝手に手を出すのは、子どもに「あなたは私がいないと何もできない」というメッセージを伝えることにほかならない。

それではいつまでたっても精神的に自立できない。自分の人生を生きている実感を味わえず、代わりに生きづらさを感じながら生きることになる。自分ではない誰かのせいにしながら、誰の人生だかわからない人生を歩むことになる。

「子どもは社会の宝」とよくいうが、単に「社会全体で子どもを守ろう」という意味ではない。「親とて子どもを私物化してはいけない」という意味も含んでいる。

しかし実際現状では、社会が子育てのコストの大部分を「親」に課しているため、「親」という概念が肥大化し、親による子どもの私物化が当然の権利のごとくなってしまっているのではなかろうか。要するに、子どもに対する社会的関与の低下が、当然の結果として

「〈子どもの人権〉軽視」を招き、教育虐待を生む肥沃な土壌となっていると考えられるのである。

大人が自由に耐えられなければ子どもの人権は守れない

教育虐待に限ったことではない。社会全体の人権意識が低ければ、虐待・差別・不平等が増えるのは当然だ。いじめ、非行、自殺、うつ病の増加、出生率の低下などは、人権意識に対する社会的な未成熟が招くさまざまな社会的歪みの表れとも考えられる。だとすれば逆に、社会として人権意識を高め、あらゆる虐待・差別・不平等を減らしていけば、それに準じて教育虐待も減るはずだ。

そのためには、子どもの人権だけでなく、大人の人権も守られなければいけない。すなわち大人も、(1)「生まれてきて良かったね」と言ってもらえて、(2)「ひとりぼっちじゃないからね」と言ってもらえて、(3)「あなたの人生はあなたしか歩めない」と認めてもらえていなければならない。

一つめの、「生まれてきて良かったね」と言ってもらえるということは、「自分はここにいるだけで素晴らしい、価値ある存在だ」と感じられているという意味である。

無条件にそのように思えるひとは、良いときも悪いときも含めて自分の人生すべてを素晴らしいと感じることができる。専門的には、「自己肯定感が高い」という。

ただし「自分は努力して多くを得た」という〝自信〟は、自己肯定感とは似て非なるもの。競争に勝ち続けて自信満々だったひとが、あるときついに競争に敗れたために心までポッキリ折れてしまうことがある。そのような〝自信〟はもろいものだ。「根拠ある自信」は、根拠が揺らげば揺らいでしまう。

本当の自己肯定感はそんなやわなものじゃない。何があっても揺らがない「根拠のない自信」といってもいい。

自己肯定感が高ければ、少々のことではへこたれない。ちょっと厳しく叱られても受け止められる。どんなときも、世の中は生きるに値すると感じられる。そして何より、自分の人生を最高の人生だと思えると同時に、他人の人生も自分の人生同様かけがえのないものだと実感できる。出身大学や勤め先や年収によってひとを比べたり見下したりしない。

二つめの、「ひとりぼっちじゃないからね」と言ってもらえるということは、いっしょにオロオロしてくれるひとがいるということ。

お金や地位や権力をもっているからとか、特別なことができるからとか、そういう理由でつながっているひとではない。異業種交流会で大量に名刺交換をしたり、いま流行りのオンラインサロンに参加したり、SNS上でつながったりして構築した見せかけの人脈が広くても意味がない。

ありのままの自分をいつも見ていてくれて認めてくれるひとが、誰か一人でもいれば、ひとはそれだけで孤独から救われ、勇気をもらえる。

自分のなかの未熟な部分、不完全な部分、ダメな部分までを含めてありのままの自分を認めてもらえている安心感があれば、他人の未熟な部分、不完全な部分、ダメな部分を含めたありのままを認められるようになる。他人のありのままを認められるようになれば、自分自身のありのままも認められるようになる。好循環が生まれ、お互いを認め合う人間関係のなかで生きていける。

三つめの、「あなたの人生はあなたしか歩めない」と認めてもらえるということは、「自分の道」は自分で選んでいると思えているということだ。

しかし実際には、「自分の道は自分が選ぶ」と堂々と言える大人がどれだけいるだろうか。多くの大人が、自分の道を自分で選んでいる実感をもっておらず、その代わりに不都合なことをつい誰かのせいにしていないだろうか。

上司のせい、会社のせい、夫のせい、妻のせい、政治のせい、社会のせい、時代のせい……。自分にとっての不都合を他人のせいにすることは、自分にはその不都合な状況を変える力がないと宣言することだ。自分はとらわれの身であると認めることだ。「不自由宣言」である。

大人たちが自分で「自分の道」を選んでいくことができていないから、自由ではないから、無意識のうちに子どもたちにも、「自分の道」を選ばせまいと仕向けてしまうのではないだろうか。私たち大人が、「自分の道は自分で選ぶ」と思える自由な人生を歩んでいなければ、尊厳のある生き方をしていなければ、子どもたちの人権を守ってやることなどできるはずがない。

自由とは、誰のせいにもできないということ。それが気持ちいい。自由とは、人類が手にした最も魅力的で危険なもの。「お前はどうしたいんだ?」「お前は何を考えているんだ?」「お前にとって本当に大事なものは何だ?」……。自由とは、それ自体が無限の「問い」の集合体。問いを問いとして抱え続ける力がなければ、自由には耐えられない。

もし自由を取り戻したいのなら、「何事もひとのせいにはしない」と決めればいい。思い通りにならないことをほかの誰かや何かのせいにするのでなく、そのこと自体を自分に対する問いとして抱え続けるのだ。たとえ状況を何も変えることができなくても、問いを放棄してしまわない限り、ひとは自由でいられる。自分の人生に誇りがもてる。自由なひとは、他人を縛らない。

この三つの条件を満たす大人が増えれば、教育虐待だけでなく、あらゆる虐待・差別・不平等などの人権侵害が減っていくはずである。

だとすれば、我々がすべきことはシンプルだ。

それぞれが身近なひとに、「生まれてきて良かったね」「ひとりぼっちじゃないからね」「あなたの人生はあなたしか歩めない」と伝えよう。何度でも何度でも、自分なりの伝え方で。じわりじわりと、社会が変わるまで。

みんながそうすれば、たったそれだけでも、大人も子どもも一人一人が尊厳をもって生きられる社会が一歩現実に近づくはずだという希望を、私は抱いている。

おわりに

今回改訂版のために原稿に大幅な修正を加えた。2015年に『追いつめる親』（毎日新聞出版）として本書を著したときには見えていなかった教育虐待の構造が、その後の継続的な取材によってより明確に見えてきていたのだ。加筆するだけでなく、冗長だった部分は大幅に削った。

学歴偏重主義が極まり、病的な正解主義が広まり、さらにビジネス思考の蔓延が「教育」を「人材育成」にすり替えた。もはや社会の機能不全といっていい。その結果として「教育虐待」などの「エデュケーショナル・マルトリートメント（教育上不適切な扱い）」が生じる。そこに家族の機能不全が重なると、壮絶で逃げ場のない教育虐待が起こる。構造的に多重な問題を前にして、ほとんどの大人が無力ではあるが、子どもの人権を尊重する立場に立つことで、一筋の光が見えてくる。社会全体としては、普遍的な人権意識を高めることで、さまざまな虐待・差別・不平等とともに教育虐待も減らしていくことが期待できる。

本書における教育虐待の構造分析をまとめれば、こうなる。ただしここまで俯瞰してしまうと、教育虐待のリアリティが薄れていく。私はそれが怖い。最後にもういちど、本書に紹介した数々の事例を思い出してみてほしい。

教育虐待の事例の数々は、私の想像を上回る凄絶さであった。ときどき言葉を失った。一方で、壮絶な教育虐待を経験しながらもそれを克服して自分の人生を堂々と生きているひとたちの目には、一様に、揺るぎない命の光が灯っていたのを私は感じた。それが彼らの人生をいっそう輝いて見せていた。

どんなに回り道をしても、どんなに無為な時間を過ごしても、どこまで堕ちたとしても、人間は、その経験を自らの輝きに変えることができる。それこそが、人間の強さであり、美しさでもある。闇に目を向けてこそ、輝きの本質に気づくことができる。そんな確信が、私の胸に刻まれた。

ただし、勘違いしないでほしい。彼らの物語から得られる教訓は、「親がどんなに子を傷つけても大丈夫」なんてのんきな話ではない。私が直接話を聞くことができたのは、ごく一握りのサバイバーだ。教育虐待の闇に囚われた多くの「子ども（年齢的にはすでに大人になっているひとも含めて)」が、いまもどこかで声にならない叫びを上げている。おそらくそれが現実だ。

教育虐待の闇から這い上がり自分の人生を取り戻した彼らの物語から我々が学び取るべき本当の教訓は、「どんな道を歩むことになったとしても、そのひとらしくいられる限り、ひとは輝く。だとすれば親は、自分の理想を子に押しつけるのではなく、ありのままの子どもを認めてあげればいい。そうすれば、子どもは、いまこの瞬間にも、まぶしいくらいに輝きはじめる」ではないだろうか。

子どもが輝いていないように見えるのだとすれば、それは子どもの問題ではなく、親の目が濁ってしまっているだけである。ただし親の目が濁るのも、親だけのせいではない。社会にはびこるゆがんだ価値観が親の目を濁らせるのである。

つまり社会のメンバー全員に責任がある。しわ寄せは、たまたまそこに現れたのであって、もしかしたら、そこは、自分のところだったかもしれない。何かがちょっとだけ違えば、自分も追いつめられる子どもになっていたかもしれないし、自分が追いつめる親になっていたかもしれない。そのことを忘れてはならない。

2019年5月

おおたとしまさ

※この書籍の印税の一部を、「カリヨン子どもセンター」へ寄付することを約束する。

本書は、2015年7月に毎日新聞出版より出版された『追いつめる親「あなたのため」は呪いの言葉』に、大幅な加筆・修正を施したものです。

ディスカヴァー携書 215

ルポ 教育虐待 毒親と追いつめられる子どもたち

発行日　2019年7月15日　第1刷

Author　おおたとしまさ

Book Designer　遠藤陽一（DESIGN WORKSHOP JIN, Inc.）（装丁）

Publication　株式会社ディスカヴァー・トゥエンティワン
〒102-0093　東京都千代田区平河町2-16-1 平河町森タワー11F
TEL　03-3237-8321（代表）　03-3237-8345（営業）
FAX　03-3237-8323
http://www.d21.co.jp

Publisher　干場弓子
Editor　三谷祐一

Marketing Group
Staff　清水達也　飯田智樹　佐藤昌幸　谷口奈緒美　蛯原昇　安永智洋
古矢薫　鍋田匠伴　佐竹祐哉　梅本翔太　榊原僚　廣内悠理
橋本莉奈　川島理　庄司知世　小木曽礼丈　越野志絵良　佐々木玲奈
高橋雛乃　佐藤淳基　志摩晃司　井上竜之介　小山怜那　斎藤悠人
三角真穂　宮田有利子

Productive Group
Staff　藤田浩芳　千葉正幸　原典宏　林秀樹　大山聡子　大竹朝子
堀部直人　林拓馬　松石悠　木下智尋　渡辺基志　安永姫菜　谷中卓

Digital Group Staff　伊東佑真　岡本典子　三輪真也　西川なつか　高良彰子　牧野類
倉田華　伊藤光太郎　阿奈美佳　早水真吾　榎本貴子　中澤泰宏

Global & Public Relations Group
Staff　郭迪　田中亜紀　杉田彰子　奥田千晶　連苑如　施華琴

Operations & Management & Accounting Group
Staff　小関勝則　松原史与志　山中麻吏　小田孝文　福永友紀　井筒浩
小田木もも　池田望　福田章平　石光まゆ子

Assistant Staff　俵敬子　町田加奈子　丸山香織　井澤徳子　藤井多穂子　藤井かおり
葛目美枝子　伊藤香　鈴木洋子　石橋佐知子　伊藤由美　畑野衣見
宮崎陽子　並木楓　倉次みのり

Proofreader　文字工房燦光
DTP　株式会社RUHIA
Printing　共同印刷株式会社

ISBN978-4-7993-2535-3

携書ロゴ：長坂勇司
携書フォーマット：石間　淳